「キャリアデザイン」って、どういうこと?

過去は変えられる、正解は自分の中に

武石 恵美子

岩波ブックレット No. 1100

はじめに

高校や大学で「キャリア教育」と呼ばれる授業や講義が増えてきました。そんな講義を受けた学生達から、次のような疑問を投げかけられることが多くなっています。

「将来について考えてキャリアをデザインしよう」と言われても、何から考えればよいのかわからないんです。そもそも自分は学生で、働いた経験といえばカフェと塾講のアルバイトくらい。これじゃキャリアと呼べるようなものではないし、将来やりたいことを考えろと言われても何から始めればよいのかわからない……。「キャリア」が何かもよくわかっていないのですから、デザインもできませんよ。

前に進むためには何をしたいのか目標を明確にしなくてはいけない、と言われると、戸惑ってしまう人は多いことでしょう。将来をデザインして行動に移すべき、という「キャリアデザイン」の呪縛にとらわれて、身動きが取れなくなってしまうのではないでしょうか。でもそれは当たり前です。なぜなら、現代は、社会の変動が大きくて、将来を見通せない時代だからです。本書では、将来を見通してキャリアをデザインすることはとても難しい時代にあるということを知った上で、自分らしいキャリアをどのように切り拓けばよいのかを考えてみたいと思います。

第1章　キャリアって何ですか？

1　キャリアとは人生の軌跡

「キャリア」とは何でしょうか。

以前ある大手企業でキャリア意識に関する社員調査を企画し、事前調査として何人かの社員の方に質問をしてみました。すると、そのうちの複数の方から「キャリアについて尋ねられても、キャリアが何かよくわからないから説明をしてほしい」という注文がきたのです。学生からの就職人気がとても高い企業だったこともあり、社員の方のこの反応に驚きました。現役で働く人たちでも、「キャリア」について尋ねられるとなかなかピンとこないという現実があるのです。

それでは「キャリア」がつく言葉を思い浮かべてみましょう。

「キャリアアップ」「キャリアセンター」「キャリアウーマン」「キャリア組」……。働くことと結びついた言葉が多いこと、それから、スキルや能力が上がっていくというように上に向かっていくイメージがありますね。キャリアは下から上に向かって進むというようにとらえられることが多いです。確かに、これまでのキャリアは、「成功＝周囲からの承認」に向かって努力をし、それによって地位や賃金が上がっていく、というようにとらえられがちでした。

そもそも、「キャリア」とはどのような意味としてとらえればよいでしょうか。「キャリア」の語源は、ラテン語の“carraria”とされており、これは、馬車が通った後にできる「轍《わだち》」を意味します。それが転じて、人のたどる軌跡・経歴を意味するようになってきました。

キャリア研究で有名なシャイン(Schein)氏は、「キャリアとは生涯を通しての人間の生き方・表現である」と言っています。[1]「キャリア」というのは、個々人が自分の人生を歩んできて、時々振り返ってみた時にできている足跡、つまり生きてきた中で経験したことを束ねたものということができるでしょう。それは仕事に関わるものももちろん含みますが、それ以外にも、学びや仕事以外の家庭や地域での生活、余暇生活、病気やけがなどの経験も「轍」を形成するのです。仕事の経験がほとんどない学生でも、仕事以外の経験もキャリアとしてとらえると、誰にでもキャリアがあることがわかります。そしてその軌跡はすべて異なる個別性の高いものなのです。

2　仕事はキャリアの一部

「キャリア」は職業キャリア以外に様々な生活シーンを含むもの、と考えると、昨今の「ワーク・ライフ・バランス(WLB)」の議論とつながっていきます。

２０００年ごろから日本でもWLBが注目されるようになり、仕事とそれ以外の生活を両立させることは、働く上で欠かせない条件と考えられるようになっています。株式会社マイナビが実施している「大学生就職意識調査」により学生の就職観の変化をみると、「楽しく働きたい」が4割弱と最も多く、次に「個人の生活と仕事を両立させたい」が4分の1程度と第2位で、これは２０００年以降不動の順番となっています。若い世代にとって、職場は収入を得る場ということ以上に、仕事以外にやりたいことややらなければならないことと両立させながら、楽しむ場でありたい、ととらえられているのです。

職業キャリアがトータルのキャリアの中でどのようなウェイトを占めるかは、個人によって、同じ個人でもどのようなライフステージ（人生の段階）にいるかによって異なります。このことをモデル的に示したのが、キャリア研究で有名なスーパー（Super）氏の「キャリアレインボー」（図1）です[(2)]。個人は、「生活空間」（ライフ・スペース。家庭、学校、地域社会、職場が主なもの）と、年齢と関連する「発達段階」（ライフ・スパン。成長、成立、維持、衰退）の二つの次元の中で、複数の役割（子ども、学生、余暇を過ごす者、市民や国民、労働者、伴侶や親など家庭人、年金生活者、など）を担いながら生きていく存在ととらえられています。複数の役割は、個人の人生の経過の中で、その時々によって重要性が変化します。個々の役割は多重的な構造を形成しており、その相互作用を通じてキャリアが形成されるというモデルです。

キャリアについて考えようとすると、職業キャリアを思い浮かべる人が多いと思います。けれども、人は、ライフ・スペースとライフ・スパンの二次元の中でキャリアを

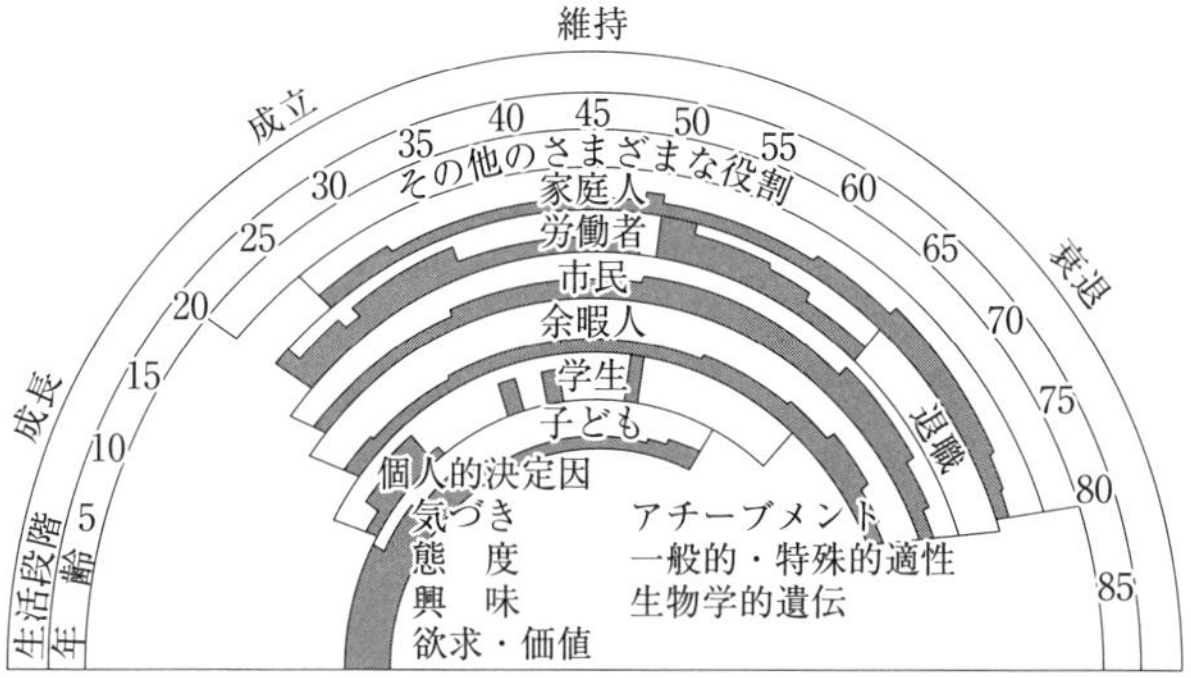

図1　スーパーの「キャリアレインボー」
出所：渡辺・ハー（2001, p. 83）[(3)]より.

形成していると考えると、人間の一生を通じて各種の役割を果たしながらキャリアがダイナミックに変化する、ということがわかると思います。職業人としての役割はその一部であり、家庭や社会とつながりながら、それぞれの役割は相互に影響を与え、また影響を受けながら、広義の「キャリア」が形成されるのです。

3　キャリアは選択の連鎖

キャリアは人生の軌跡である、と言いました。この「軌跡」のイメージですが、人生には様々な分かれ目があります。大きな分かれ目としては、進学や就職・転職・退職、結婚、出産など、「ライフイベント」と呼ばれるタイミングがあります。また、どの部活・サークルに入ろうか、どの授業を履修するか、今日の授業に出席するか、今日のランチは何にしよう……。私たちは、日々いろいろな選択をしながら生活をしているのです。複数の選択肢＝分かれ道、の中から一つを選んでまた前に進んでいくことで人生の軌跡が創られていくことになります。

このようなキャリアについて、渡辺＆ハー（Herr）の両氏は次のように述べています。

「（キャリアとは）個々人が、具体的な職業や職場などの選択・決定をとおして、時間をかけて一歩一歩努力して進んでいくのであり、創造していくものである。個人が何を選び、何を選ばないかによって作り出されるものであるから、ダイナミックであり、生涯にわたって展開されるものなのである。したがってキャリアは個々人にとってユニーク（独自）なものである。」（渡辺・ハー［2001］、p. 19.）

例えば三つの選択肢から一つを選ぶとなると、他の二つを捨てることになります。そこでは、自分が大事だと思うものの「優先順位」が重要になります。選択肢の先にある状況を見据えながら、自身の大事にするものは何か、という判断によりキャリアが創られていくのです。

4　キャリアを取り巻く環境を知る

「分かれ道でどちらに進むか」という決定に当たっては、キャリアを創る外部の環境を理解する必要があります。

キャリアに影響を及ぼす環境は、大きな視点でみれば、歴史や国というところからとらえることができます。また、もう少し身近なところで考えると、同じ国の中でも、一人一人が育つ家庭環境に始まり、地域の環境、学校や職場などの環境を複合的に考える必要があります。これが今どのように変化しているのかについては、次章以降で詳しく述べることにします。ここでは、自身のキャリアを展望する際に、この環境との関係をどう受け止めるのか、ということについて考えてみましょう。

キャリアが環境と密接に関わる、というのは、女性のキャリアを考えると分かりやすいでしょう。女性の就業率は、国によって大きく異なりますし、また同じ国でも時代によって変化してきました。女性が働く際には、特に家事や育児・介護などの家族的責任とのバランスを考えなくてはならない場面が男性よりも多いため、このバランスをとれる可能性が高いか低いかにより、女性の就業行動が変わってきます。

2023年にノーベル経済学賞を受賞したゴールディン（Goldin）氏は、過去100年間にアメリカの女性に起きた働き方の変化に注目し、五つの世代に分類しました[4]。大学を出てキャリアを優先するという女性のライフスタイルが登場した背景に、経口避妊薬のピルが入手できるようになったことをあげ、これが、女性のキャリアに「静かな革命[5]」をもたらしたとしています。ピルの登場により、女性が出産を先延ばしして、上級の学校に進学したり学校卒業後にキャリアを確立したりする時間を持つことができたという点で、女性の生き方を大きく変えた環境変化と見なしているのです。それより前の世代の女性たちが、大学を卒業して結婚、出産をし、その後の再就職を念頭においてキャリアを形成していたのとは大きく状況が変わりました。

それでは、個人が環境に働きかけることの可能性について考えてみましょう。パワーがあり発言力のある個人なら社会を変えることはできるかもしれませんが、個人が「環境を変える」というのはとてもハードルが高そうな印象を持ちます。例えば、職場を選んだら、その職場のルールの下で働くことが求められます。このルールを自分の都合に合わせて変えることは確かに簡単ではありません。けれども、例えば人事のルールは、会社側の都合だけで決まるものではありません。個人が生き生きと働ける環境でなければ、経営的にも問題が生じるので、組織として何らかの手を打たなくてはなりません。

再び、女性の就業を例に挙げましょう。多くの女性が結婚や出産で退職していった時代には、子育てをしながら働く社員のための施策は重要性が低いと考えられました。けれども、女性が就業を続けるようになり、仕事に影響を及ぼす出産・育児などのライフイベントとの両立や、共働きを難しくする転勤施策のあり方などに配慮しないと、優秀な人材が流出するという事態に直面したのです。そこで、仕事と子育てが両立できる働き方は、重要な人事施策となりました。

このような施策は法律があるから企業が制度を導入しているのだ、と思うかもしれませんが、法律がない時代から制度を導入している企業がありました。それはまさしく個人の価値観やライフスタイルの変化に対応しないと人材の確保や定着が難しく、働く人のモチベーションにも悪影響があると考えられたからなのです。そうした企業が増えてきて、法律ですべての企業に制度導入を義務付けるという政策に結びついていったのです。

特に、少子高齢化により働く人口が減少してきており、働く人はどうすればモチベーションが上がるのかということについて、経営者はとても感度が高くなっています。最近は、「人的資本経営」という言葉がマスコミやセミナーなどで頻繁に登場します。「人」をコストではなく投資の対象と考えて、人の能力を活かす経営が、組織内の人にとってはもちろんですが、社外の求職者や投資家からも注目されるようになっています(6)。

このように、個々人の状況やニーズを受け止めて組織も社会も常に変化しています。つまり、個人は周りの環境を受け入れ、そこに適応する「受動的な存在」というだけでなく、環境に働きかけて環境を変える「能動的な存在」でもあるのです。

第2章 「見通せるキャリア」の時代

1 見通せるキャリア、見通せないキャリア

キャリアは職業キャリアに限らず広い領域を含めてトータルに考えるものだと述べてきたのですが、いろいろな場面の議論をしていくと複雑になっていくので、ここからは、キャリアの中の職業キャリアを中心に議論をしていくこととします。

まず、キャリアをデザインする、というとどのようなイメージがありますか？ キャリアのゴールイメージを持ち、それに向かって行程表を作って努力すること、ととらえる人が多いのではないでしょうか。

オリンピックのメダリストが、子どもたちに「努力すれば夢は叶う」というメッセージを語る場面を目にすることがあります。「努力すれば夢は叶う」と一流選手に言われると、それなら自分も努力をしてみよう、という気持ちにもなりますから、このメッセージは子どもたちに夢に向かって奮起させるという意味で効果があると思います。確かにメダリストは、努力を惜しまなかった人たちです。ただ現実には、努力をしたけれども夢を叶えられなかった人の方が圧倒的に多数派です。「夢を叶えるためには努力が必要」というのは正しいと思いますが、「努力すれば夢は叶う」となると、ちょっと違うのではないか、という気もしてきます。

ところで、「努力すれば夢は叶う」というのは、「夢＝ゴール」があって、そこにたどり着くために必要な努力を積み重ねるということです。この言葉を耳にすることが多いスポーツ界を例にキャリアデザインを考えてみます。

スポーツは、実力・成績、という明確な基準で評価される世界です。プロ野球のピッチャーを例にあげると、体力はもちろんですが、ボールのスピード、球種の多さ、打者との駆け引きの能力、精神力などの総合力でピッチャーとしての成績が決まり、それによって優秀なピッチャーと認められます。もちろん個人差はあるにせよ、野球をするための基礎体力・体格を強化し、ピッチャーとしての技術を向上させ、打者や走者との駆け引きの能力を高めるといったことを、日々のトレーニングによって鍛錬しています。優れたピッチャーになるための基礎的な条件や、能力を高める方法にはある程度決まったプロセスがあり、そこに「努力」という精神力が加わることで、キャリアのゴール＝プロ野球のピッチャーへの夢に近づいていくのです。

スポーツ選手といっても、競技によってトレーニングの中身は異なります。また陸上選手でも、短距離選手と長距離選手は全く体格が違いますね。１００ｍを速く走るための能力と42・195㎞を走り続けるための能力は異なっていて、どちらを目指すかでアプローチが異なります。

その意味で、伝統的なスポーツの世界では、ある種目のプロの競技者として活躍するために何が必要かという点に関して、効果的なアプローチの方法を見通すことがある程度可能であり、それに向かって努力をすることでキャリアのゴールに近づくという実感を持てるのだと思います。「努力すれば夢は叶う」という時に、やみくもにトレーニングをしても無駄が多くなるので、めざすゴールのために確立されたやり方を踏まえて努力をするということが効果的なのです。

一方で、プロフェッショナルの世界でも、キャリアのゴールが見通せないケースもあります。別の世界の「成功者」として、ノーベル賞受賞者の声に耳を傾けてみましょう。

2012年のノーベル生理学・医学賞を受賞したのは、iPS細胞を発見した山中伸弥氏です。山中氏は受賞時の記念講演で、「予期しない結果と、すばらしい恩師との出会いが幸運だった」と振り返ります。最初は整形外科医を目指したけれどもまったく適性がないと考え、外科医から基礎医学者に転向し、その後仮説を立てて実験を行いますが、予想外の結果が次々と出てきます。それを前向きに受け止め、仮説と違う結果に一緒に興奮してくれた恩師の元で新しい仮説検証に取り組み、大きな成果に結びつけていったということです。

しかし、山中氏の研究者としての歩みは直線的なものではなく、紆余曲折があったようです。2016年に近畿大学の卒業式のスピーチで「人間万事塞翁が馬《じんかんばんじさいおううま》」ということわざを引きながら、臨床医の適性がないと感じて研究者になったこと、けれどもネズミの世話ばかりしていて研究者として挫折しそうになり、給料が良い臨床医になって家族のための家を建てようと思い不動産を契約しようとしたところ、寸前でその不動産が他の人に買われてしまったこと、そこで研究者に踏みとどまったこと、などのエピソードが紹介されています。

野球選手とはずいぶん違う回り道ですね。科学の世界では、偶然が大きな発見につながってきたというケースがとても多いのです。新しい発明・発見をする、というイノベーティブな活動は、前に辿った人がいないので、自分で切り拓いていかないと前に進めません。山中氏は、ノーベル賞受賞後の会見で、「1回成功するためには、9回失敗しないと、その1回の成功はやってこない」と話しています。成功に至っていない発明や発見は山のようにあり、失敗を回避しないで前向きにチャレンジをする姿勢が重要だと言えるでしょう。

「夢を叶えるためには努力が必要」というのは、おそらくどの世界にも共通することだと思いますが、努力をした先に何があるのか、ということがある程度見通せるプロスポーツの世界と、今の努力がどうなるかわからないけれどとにかく前に進んできたノーベル賞では、キャリアの見通しの透明度が随分違うように思えます。

2　高度経済成長期に精緻化した雇用システム

プロスポーツやノーベル賞の話をしてきましたが、そのような「雲の上」のことではなく、もう少し私たちに身近なキャリアに話を戻します。

キャリアが創られる環境がどのような構造になっているかを知ることは重要だということを述べました。キャリア開発に大きな影響力を持つ社会の構造が、どのように形成されてきたのかを考えていきましょう。

日本社会でのキャリア開発を考える上で、戦後の荒廃した状況から復興を遂げ、経済が急速に発展した高度経済成長期はとても重要な時期となります。当時は日本が短期間に高度経済成長を遂げたことから、なぜそれが可能になったのかについて、海外からも関心がもたれるようになりました。アメリカの経営学者アベグレン（Abegglen）氏は、高度経済成長の担い手となった企業の経営を分析し、終身雇用(長期継続雇用)、年功制、企業別労働組合、という三つの特徴を指摘しました。[7] 日本の雇用システムのこの三つの特徴は、「三種の神器」[8]と呼ばれるようになります。

1950年代の終わりから70年代の初めにかけての日本の経済成長は目を見張るものがあり、戦後の貧しい世の中を立て直し、先進国の一角を占め、アメリカに次ぐ経済大国へと発展していった時代でした。すでに豊かな経済大国であったアメリカ、いち早く産業革命を乗り越えたヨーロッパなど、日本が経済発展の先に描くモデルが明確に存在していました。そうした国に近づくために効率的なシステムを作り上げることが、日本社会の最重要課題だったといえます。

当時は製造業が経済の基礎にありました。効率的に良いモノを作ることが重要で、そのために資金を回す金融のシステム、作ったモノを売る流通のシステムなど、社会の基礎的な構造が作られていきます。製造業でモノを作る、という場面を切り取ってみれば、豊かな社会に必要なモノ、それを効率的に製造するノウハウは欧米先進国に蓄積されていたので、後発の日本はそれを模倣しさらに品質を高めるということをすれば市場を獲得できました。もちろん、それは順風満帆ではなく、今でこそ「世界のトヨタ」となったトヨタ自動車も、創業時は故障が頻発し、路上で立ち往生するクレームがたくさんあったようです。しかし、経営者と現場の努力と工夫で、自動車製造の本場のアメリカを凌ぐ自動車立国へと日本は成長していきます。

日本的な特徴とされる雇用システムは、欧米諸国の産業発展というモデルがあったことが重要なポイントです。技術移転により日本の産業化を進めるという明治以降の政策の流れを受け、戦後の高度経済成長期を通じて社会のシステムは精緻化され、日本の成長を支えてきたという評価がなされています。

3　基底にあった「安定」

このように、めざすべき目標が明確でそこに至る成功のプロセスもある程度明示されている状況は、プロスポーツ選手の育成に似ているのではないでしょうか。この時代に組織にとって重要なことは、採用した新人を一人前に育て、経験を積んだ人材が定着して組織の発展に尽力していく、というサイクルを作ることでした。組織が育てた人材が辞めない、辞めるリスクがないからこそ安心して従業員の育成のための投資ができる。この長期に安定した雇用を保証することが、経営にとってはとても重要だったのです。

長期にわたって同じ組織で働くことは、経営側のみならず労働者にとっても望ましいものでした。失業の不安を感じることなく、安心して仕事ができ、職場の仲間ともビジネスの関係を超えた親密な関係を構築でき、多くの人が居心地の良さを感じていたのも事実です。

したがって、先に述べた「三種の神器」の中心にあるのが、「終身雇用」となります。ただ、「終身雇用」というと、「終身＝死ぬまで」雇用する、という意味合いがあるので、より現実を表す言葉としてここでは「長期継続雇用」を使います。

二つ目の特徴である「年功制」というのは、年齢や勤続とともに処遇（賃金やポスト）が上昇するという仕組みですが、これは長期継続雇用を維持するための「装置」と位置付けることができます。年齢や勤続を重ねれば、経験によりスキルや仕事効率は上昇するのが一般的なので、年齢

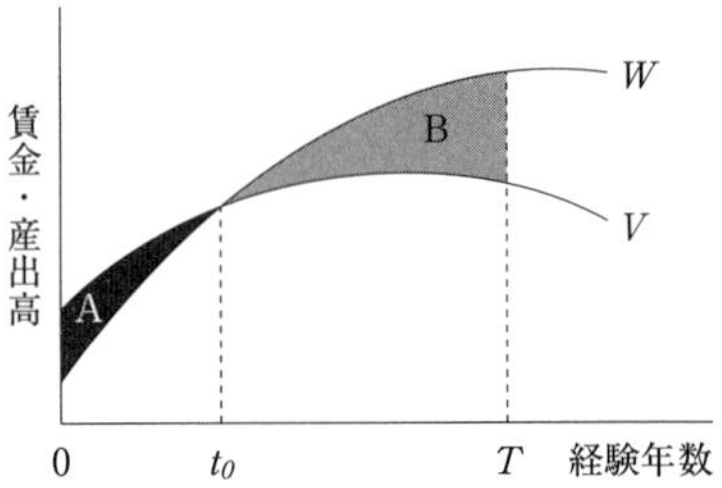

図2　年功賃金カーブのモデル

出所：Lazear, E. P. (1998, p. 302)[10] より.

や勤続とともに処遇も上昇するのは自然なことです。ここで「年功制」というときのポイントは、年齢や勤続に伴う貢献や成果の上がり方よりも、処遇の上がり方の方が、上昇する角度が大きいということです。

図2で説明しましょう。労働者が働いて産出する成果がVのカーブだとします。このカーブの形状は職業や個人によって異なるのでここではモデル的に示しています。経験とともにある時点まで産出高は増えますので、それに合わせて賃金を払っても、見た目には年功賃金カーブになりますが、それは成果に見合った賃金を払っているということで「年功制」ではありません。年功賃金カーブというのは、図2のWの曲線で示されています。つまり、ある時点(t_0)まではVよりも低い賃金で、それ以降はVよりも高い賃金になり、賃金のカーブが実際の産出高のカーブよりも傾斜が急になっていることがポイントです。この図は、引用元の書籍では「暗黙の負債と見返り」というタイトルがついています。個人の視点でみると、若い時期には図2のAの部分に相当する金額を企業に融資し、将来Bに相当する金額を見返りとして受け取るという期待を持ちながら働きます。この賃金カーブの下では、個人は少なくともAに見合う金額を受け取るまでは離職しないという選択が合理的になります。年功制が長期継続雇用を維持する「装置」であるというのはこのような理由によります。

一方で雇う立場からみると、t_0の時点で労働者が辞めると一番コストが安くなります。ただし、そこで従業員を辞めさせるようなことをすると、企業の評判が悪くなり人も集まりません。そこで雇用主は、負債にあたるAを将来返済するという暗黙の約束をして年功制が維持されることになります。[9] そのためには、組織が継続的・安定的に存続することが条件となります。欧米でも年齢や勤続とともに賃金が上がっていくのですが、この上がり方は日本の方が急なカーブになっている、つまり年功制がより強くなっているのです。

三つ目の特徴の「企業別労働組合」という特徴にも触れたいと思います。労働組合の重要な役割は、労働者が集団となって、労働条件などの交渉を使用者に対して行い、労働条件の決定に関与するということにあります。労働組合がすべての企業に存在するわけではありませんが、日本で労働組合が組織される場合には、個別企業ごとの組合となっているのが一般的で、「○○企業労働組合」というような名称がついています。働く人の労働条件を経営者と交渉するのですから、労働組合も企業単位で組織されるのは当たり前だというのが日本の感覚だと思います。しかし、アメリカから来たアベグレン氏にとっては日本特有のものだと考えられたのです。

欧米では、産業別・職種別に労働条件を決めることから、労働組合も同じ職業の人たちが集団となり、企業横断的に組織されるのが一般的です。日本では、長期継続雇用により同じ組織に長期にわたって所属するのが普通ですから、同じ企業に所属している従業員が自分たちの労働条件を交渉するという流れになるのです。日本の労働組合の特徴として、いわゆるブルーカラーと呼ばれる現場で働く人と、ホワイトカラーといわれる事務系の人が、同じ労働組合に所属している「工職混合組織」という点をあげることができます。「工＝ブルーカラー」と「職＝ホワイトカラー」は、学歴などのバックグラウンドも異なり処遇体系も異なる場合が多いために、利害が必ずしも一致しないことから同じ土俵での労働条件の交渉は難しいと考えられ、欧米では別の労働者組織が作られます。しかし、日本では、同じ組織で一緒に働く従業員が一体となって、組織を盛り立てるためにも、「工職混合」の組織の方が都合がよいと考えられたのでした。

4 「安定の時代」のキャリア

それではこのシステムを、働く人のキャリアという点から考えてみましょう。

1950年代半ばの戦後復興より前の時期には、零細企業や自営業の事業主やその家族、さらに農業従事者が労働力の担い手となり、大企業もこうした人たちを中途採用して事業を展開しました。しかし高度経済成長期になるとそうした労働力は枯渇し、中学や高校の卒業者に労働力の供給源を求めるようになります。工業が発展した都市部に地方の学卒者が就職するようになり、こうした若者は「金の卵」と呼ばれ、「集団就職」という仕組みができていきます。1957年からは国の機関(当時の労働省)も推進役として加わる国家プロジェクトになり、1963年には、地方出身の新卒者を国鉄(現在のJRグループ)が特別列車により都市部の就職先に送り届けるようになりました。新卒者の卒業に合わせて大量に採用が行われる「定期採用」の仕組みはここで確立し、今日に至っています。

もちろん地方から上京してきた若者はすぐに仕事をするスキルは持ち合わせていませんので、即戦力を期待することは無理です。その代わりに、若者は将来の可能性としての潜在能力が高く、新しい技術に柔軟に対応する能力もあります。職場に馴染んで上司や先輩の指導を素直に受け入れていくことで、知識や技術が身につき、組織にとって重要な人材となっていきます。したがって採用に当たっては、「今後の働きや成長が期待できるか」という将来性に重きが置かれ、同時に、「一緒に働くメンバーとして相応しいか」という人間的な資質が重視されました。

入社後は、仕事を経験しながら必要な知識やスキルを身につけていきます。これは「On the Job Training(OJT)」と呼ばれ、仕事を離れて研修などにより訓練を受ける「Off the Job Training(Off-JT)」と区別されますが、日本の職場ではＯＪＴがとても重視されました。ＯＪＴでは、組織の中でどのような仕事をどのような順番で担当すると効果的な育成ができるか、という点が重要になりますが、これに関するノウハウは、従業員よりも組織が正確かつ豊富な情報を持っています。上司や先輩がたどってきたプロセスを参考にしながら仕事経験を積んでいけば、一人前に育つことができ、さらにはその上のポストを目指して順調にキャリアを積むことができたのです。このようなキャリア開発の仕組みは、組織が主導してきたと言うことができるでしょう。

重要なことなので繰り返しますが、この前提に、変動が少なく比較的安定した社会であった、という点があります。組織が主導する計画的な内部育成が効果を上げるためには、長期的に安定した雇用関係が維持されること、同時に、将来にわたって求められる能力の質、すなわち需要の予測ができることが必要な条件となります。

こうして、長期にわたり同じメンバーで働くことによって、組織特有の仕事の仕方や職場慣行を体得し、それも含めてキャリアが形成されるようになります。個々の組織に特有な文化や慣行を、自虐的に「〇〇社の常識は社会の非常識」と言うことがありますが、組織という閉じた社会の中で物事が決まって実行に移されることで、外の社会との壁が高くなっていくという面も無視できません。日本では転職が少なく、最初に入った企業に勤め続ける人が多かったのは、このように組織により仕事の進め方や職場慣行が異なっていたということもその背景にありました。

第3章　「見通せないキャリア」の時代へ

1　激変するビジネス環境

キャリアを取り巻く状況は常に変化しています。その変化の幅が修正で対応できる範囲に収まっているのであれば、大きな問題は生じません。問題は、変動の幅が大きくなり、従来とは違う対応が必要になる事態が起きているという現実に直面しているということです。

２０００年頃からビジネス環境は不連続に変化をしており、これまでの対応を修正することでは収まりきらないような状況になってきました。まず世の中の基調で進んでいる構造的な変化として、重要な三つを取り上げましょう。

第一に、経済のグローバル化です。国境を越えて資本やモノ、サービスの市場が拡大していきます。このようなグローバル化によって、国の間で経済関係が深まると、それぞれの国が得意な分野を伸ばすことにより、分業が進んで効率化が進むという側面がありますが、同時に国際競争が激しくなり、世の中の変化を先取りして迅速に対応することが求められるようになります。

第二に、デジタル技術の進展です。企業経営においては、ＤＸ（デジタル・トランスフォーメーション）といわれ、デジタル技術を活用してビジネスを変革することが重要になっています。国は、技術が変化していく社会を見据えて「Society 5.0」を提唱しています。[11]「Society 5.0」とは「創造社会」と称されており、狩猟社会（Society 1.0）から始まり、農耕社会（Society 2.0）、工業社会（Society 3.0）、情報社会（Society 4.0）に続く次の時代区分です。その定義は、「サイバー空間（仮想空間）とフィジカル空間（現実空間）を高度に融合させたシステムにより、経済発展と社会的課題の解決を両立する、人間中心の社会」とされています。

「情報社会」（Society 4.0）では、人が生活する現実空間において様々な活動が行われており、様々なデータや情報にはインターネットを通じて容易にアクセスできますが、情報を活用する人がそれを探して加工をするということが必要であり、情報が広く共有されていたとは言えませんでした。このため、情報を独占的に活用する「ITプラットフォーマー」と呼ばれる企業に利益が集中したり、情報化への対応力の個人差や地域差などによる格差や社会の分断が生まれるという問題も生じていました。これが「Society 5.0」では、現実空間と仮想空間を融合させることにより、サイバー空間においてビッグデータを人工知能（AI）が解析し、必要な情報が必要な時に提供されるようになることで、新しいアイデアを生んだり危険や異常を察知できたりすることが容易になります。自動車の自動運転や倉庫の在庫管理、農作業の遠隔操作、さらには学校での学びのあり方の変革など、新しい可能性が拡がっています。

この技術は変化が激しく、理解して使えるようにすることが必要ですが、それを経営課題、さらには社会課題の解決にどのように結びつけることができるか、という点が非常に重要になっています。ここに人の知恵や発想が活かされることになります。

第三に、経営課題や社会課題の複雑化です。イメージがしやすい自動車産業を例にあげます。

ガソリンで走る自動車から電気自動車にシフトチェンジが進んできました。これ自体が、自動車産業にとっては新しいチャレンジです。電気自動車では、ガソリンで走る車とはタイプの違う技術者が必要になります。また、最近の自動車は様々な安全装置が搭載されるようになっており、それがコンピュータで制御されるなど、機能も複雑化し、制御技術のエンジニアも必要とされています。そもそもなぜ電気自動車が普及してきたのかというと、地球温暖化の原因であるCO_2（二酸化炭素）の削減という環境問題への対応ということがあります。燃費が良く事故が起こりにくい車は、利用者にとってメリットが大きいだけでなく、地球温暖化防止や安全な走行という社会全体としての観点からも要請された技術でした。良い車を安く提供する、だけでは不十分で、社会的な課題にきちんと向き合って努力をしているか、ということも経営に問われるようになっています。

「正しい経営」をすることは当たり前ですが、「正しいレベル」がどんどん引き上げられ、それをクリアしないと法律などで制裁を科されることもありますし、法律はクリアしても社会的な評判を落とすという形で社会的制裁を受けるようになってきました。

2 「ＶＵＣＡ」の時代へ

このように新しい課題に対応するというのは、新しいチャンスが拡がると同時に、それに乗り遅れるとリスクとなってしまうために、その動きを迅速に受け止め正しい判断ができることが重要になります。最近、政治家の不祥事が大きな問題になっていますが、「永田町の常識」が世間と大きくずれてしまっており、それに気が付かない、気が付いても修正できない、といったことが問題の背景にあります。個別企業においても、自社のリスクを明らかにしながら、社会の変化への感度を高めて迅速に対応することをしていかないと、市場からの退出を迫られてしまうというように、経営環境が変化してきました。

以上述べてきた社会の基礎的な構造変化に加えて、予期しない出来事が次々と起こっています。その一つは、前述した環境問題とも関連する気候変動による自然災害や大地震などです。洪水や土砂災害などの自然災害は増加傾向の基調にあります。また日本は地震大国で、日本の国土面積は全世界の0・25％なのに、全世界で起きたマグニチュード6以上の地震の約2割が日本で起こり、活火山の7％が日本にあるとされています[12]。いつ災害が起こるかわからないということを私たちは実感しながら生活をしています。

さらに、2020年に発生した新型コロナウィルス感染症は、社会や個人の生活に極めて大きな影響を与えました。外出が制限される中で、できることを探して可能な範囲で社会活動を維持するように努めました。ワクチンや治療薬の開発などが世界中でスピード感を持って行われたことにより、現在は安心して生活ができるようになりました。同時に、リモートワークが拡がり、働き方の柔軟化が進んだという側面も忘れてはいけないと思います。

最近起きているこのような突発的な出来事により、私たちは将来が不透明でいつ何が起こっても不思議ではない社会に暮らしている、ということを実感するようになりました。

総括すると、社会の変動が小さい「安定の時代」は過去のものとなり、先が読めない「激動の時代」に私たちは生きていると言えるでしょう。ビジネスの世界で「ＶＵＣＡ《ブーカ》の時代」という言葉が使われるようになって久しいのですが、これは、Volatility（変動性）、Uncertainty（不確実性）、Complexity（複雑性）、Ambiguity（曖昧さ）、の頭文字を合わせた言葉です。１９９０年代の東西の冷戦が終結した時期に、軍事上の戦略が複雑になっていくことを見越して使用された軍事用語でしたが、四つの言葉が示すように、変動が大きく将来を見通すことが難しい不確実性の高い現代の状況に当てはまることから再び使われるようになったのです。このＶＵＣＡの時代にある今、キャリアも先が読めない時代になってきたと言えるでしょう。キャリアをデザインしてもその通りにならない、そしてこれからは、ますます予期しないキャリアが展開していく時代になっていくということを理解する必要があるでしょう。

３　１００年人生を生きる

働く場＝ビジネスの環境が激変しているという話をしてきましたが、働く個人にも確実な変化が進んでいます。それが「長寿化」です。日本は高齢化率（人口に占める65歳以上の割合）が３割で世界一の高さです。高齢化が進む一つの要因に、長寿化＝長くなる人生、があります。日本の平均寿命は84・5歳で、これも世界一位です。特に女性は87・1歳と90歳に迫っています。医療技術の進歩や健康志向の高まりなど、「人生１００年」ということが現実味を帯びてきました。

人生が長くなることは喜ばしいことですし、それに伴い健康で意欲のある60代、70代の就業率が高まっています。かつては仕事を引退する定年年齢は55歳が一般的でした。１９５０年の日本の平均寿命は男性が58・0歳、女性が61・5歳でしたので、55歳定年は平均寿命との乖離が小さかったと言えるでしょう。その後、日本では長寿化・高齢化が進み、１９５０年代終わりから年金の支給開始年齢が55歳から段階的に引き上げられるなどの社会保障改革も行われ、定年年齢の引き上げが必要になりました。１９９８年には定年を定める場合には60歳以上とすることが法律で義務付けられ、２０２５年度から、希望者に対する65歳までの雇用確保が事業主の義務となります。また２０２１年から70歳までの就業機会の確保が事業主の努力義務になるなど、一連の法改正が行われてきています[13]。今後は定年制そのものがなくなるという可能性もあります。

このように社会の制度は、働く期間を長くする方向で法改正が行われており、これからは、20代半ばくらいに大学を卒業した人は、その後50年くらいは働くことが期待されていくことになるでしょう。同時に、働きたい／働く必要があるという人も増えていきます。

将来が不確実・不透明な時代の中で働く期間も長期化する、というように、ますます自分の将来のキャリアを見据えることが難しい時代に突入しています。「人生１００年」という言葉が拡がる一つのきっかけとなったのが、イギリスの人材論の研究者グラットン（Gratton）＆スコット（Scott）の両氏が著した『LIFE SHIFT』[14]です。この書籍では、人生が長くなると、「教育→仕事→引退」という3区分のライフステージではなく、真ん中の「仕事」のステージが長期化することに加え、途中で新しいスキルに投資することなどが必要になり、「マルチステージ」になっていくとしています。そしてそのために必要なものとして、経済的な資産だけでなく「無形の資産」を指摘します。「無形の資産」は、「生産性資産」「活力資産」「変身資産」の三つに分類され

表1　キャリアをとらえる視点の変化

	伝統的なとらえ方	これからのとらえ方
環境の特徴	安定	変動，不確実
重要なキャリア選択	初職を決める時	様々な時期(繰り返し選択)
キャリアの責任の主体	組織	個人
キャリアの見通し	1つの組織に所属し長期的に	複数の組織に所属し短期的に
キャリアの変化の方向	直線的	多面的
効果的なキャリア開発	組織が主導	本人が選択する

ています。「生産性資産」とは仕事の生産性を高めるためのものでスキルや知識のこと、「活力資産」とは人に幸福感ややる気をもたらすもので健康や友人関係のこと、としています。

ユニークなのが、「変身資産」です。これは、人生100年のマルチステージ型人生では大きな変化や移行を何度か経験することになり、それを成功させるための意思や能力のこと、としています。移行というのは、スキルが陳腐化して仕事内容が変わる、勤務先が倒産するといったものだけでなく、仕事を辞めて学校に通うなど自発的なものも含みます。こうした移行を成功させる要素として、自分について理解すること、多様な人的ネットワークを持つこと、新しい経験に対して開かれた姿勢を持つこと、をあげています。変身資産を持つことで、移行の不確実性やコストを減らすことができると言うのです。

4　「キャリア」のとらえ方が変わる

安定の時代のキャリアと変動の時代のキャリア、そのとらえ方は自ずと違ってきます。伝統的なキャリアの考え方と新しいキャリアの考え方を比較してみましょう(表1)。

伝統的な状況においては、社会の変動がそれほど大きなものではな

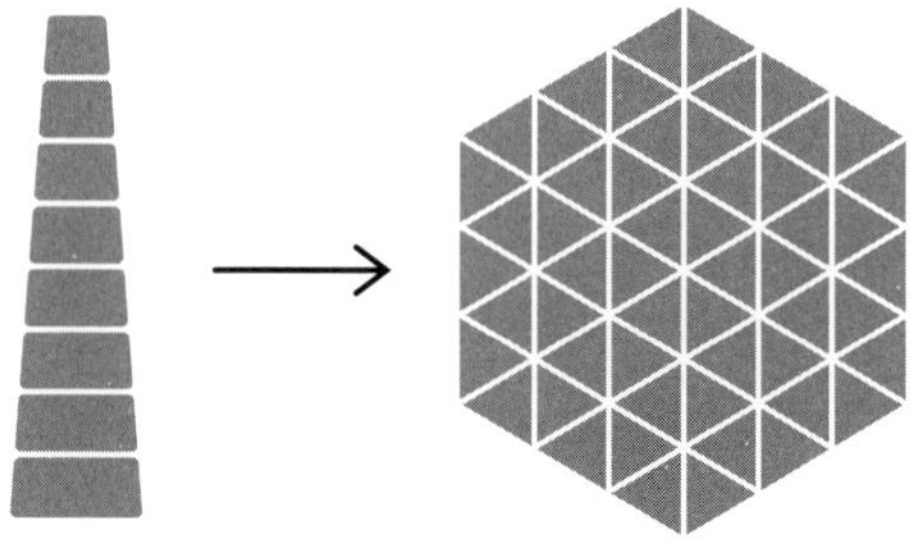

図3　キャリアの変化：career ladder から career lattice へ

く、安定的な状況の中でキャリアを見通すことがある程度可能でした。重要なのは、仕事を選ぶ時に自身の適性や関心に合う仕事を選択することでした。一つの組織で長期的に働くことを前提に、その組織の中で効果的な育成の仕組みに乗ってキャリアを形成すれば、組織にとっても個人にとっても望ましいキャリア開発ができると考えられたわけです。キャリアの方向性としては、はしごを上に登っていくイメージで、「キャリア・ラダー（career ladder）」という言葉が使われました。ラダー＝はしごを登るように、知識やスキルを引き上げてステップを登っていくことをイメージしてください（図3の左）。キャリアは一本道でそこを上がることが成功で、下がらないよう、さらには落ちないように気を付けて登ることが重要だったのです。

しかし、これからの時代において、「安定」を前提にはできません。不確実に変動していくことが確実で、安定を期待することこそが最も不安定になるような環境になっています。自分が適職だと思った仕事でも、仕事そのものの構造が変化したり、新しい能力が求められるような状況に直面することは避けられません。これまで効果をあげてきた人材育成の仕組みが通用しなくなり、個人が自分のキャリア開発に主体的に取り組むことが求められているのです。キャリアの方向性は、上や下だけでなく、様々な方向に選択できるという意味で、キャリア・ラダーに代わり、

「キャリア・ラティス（career lattice）」という言葉が使われるようになっています（図３の右）。

5　適職選択から変化対応へ

このようにキャリアのとらえ方が変化してきているのと並行して、キャリアにアプローチする理論も変化しています。

伝統的なキャリアへのアプローチは、「適職を見つける」ということに力点が置かれました。「職業適性検査」というものを受けたことがある人もいると思います。個々人の職業適性を見極めて、適性を活かせる職業を絞り込むために利用されます。この例として、ホランド（Holland）氏の職業選択の「六角形モデル」を紹介します。これは、個々人のキャリアは、そのパーソナリティと仕事環境の相互作用により決定されるとして、パーソナリティと働く環境の構造を六つの類型（RIASEC）によってとらえようとしたモデルです（図４）。この理論は、職業興味検査（VPI）の開発につながり、キャリア支援の場で広く活用されています。この基礎にあるのは、パーソナリティと一致するような環境で仕事をすることにより、職業満足、職業上の安定性や業績を高めることができるという考え方です。個人の職業適性や興味を明らかにできれば、適職探しが容易になると考えられたのです。

確かに「伝統的な状況」において、このアプローチは有効だったと言えるでしょう。問題は、目まぐるしく変化する社会の中で長期化する職業キャリアを送ることを前提にすると、個人も変化し、同時に職業の世界がダイナミックに変化するという状況において、このモデルでは対応が難しいということです。安定した時代に最初の職業選択を適切に行うことの支援策としては有効性が高かったと思いますが、職業に就いた後が不透明な激動の時代には適合しない部分も出てきそうです。

一方で変動期のキャリア理論の例として、クランボルツ（Krumboltz）氏の「計画的偶発性（Planned Happenstance）理論」を紹介します。この理論では、人を「学習し続ける存在」としてとらえ、新しい行動を獲得したり、行動を変化させたりすることができる、すなわち変化する環境に適応できる存在と考えます。学習において「未決定」というのは学習を促進するものであると考えられ、「オープンマインド（先入観を持たずにありのままを受け入れる姿勢）」につながること

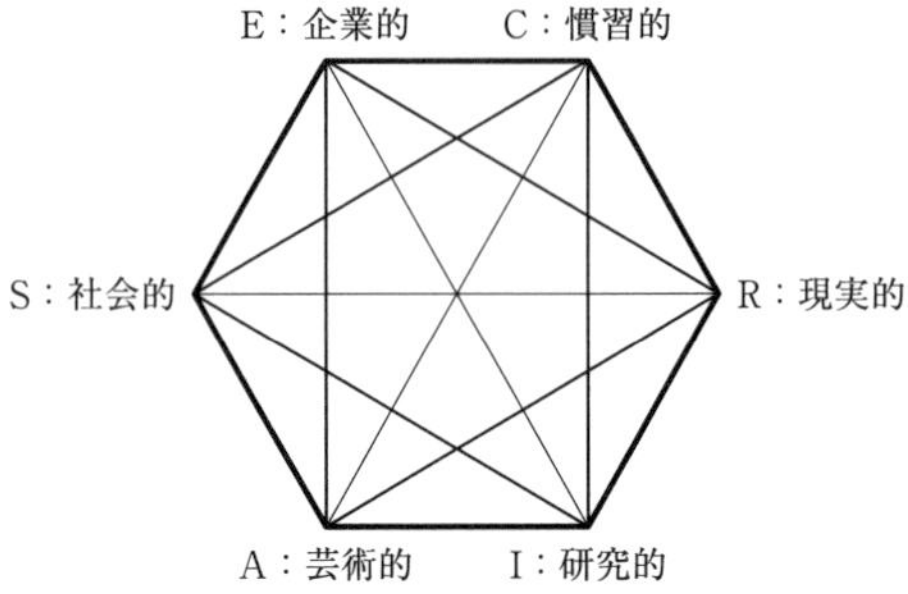

各領域の説明

	特徴
現実的（Realistic）	物，道具，機械などを対象とする領域．具体的で秩序的，組織的な操作をする機会が多い．エンジニア，カメラマンなど．
研究的（Investigative）	研究，調査などの研究的，探索的な領域．実証的，抽象的，創造的な研究をする機会が多い．数学者，医者，プログラマーなど．
芸術的（Artistic）	音楽，美術，文学などを対象とする領域．あいまいで自由な活動，芸術的表現や製品を創る機会が多い．画家，音楽家，デザイナーなど．
社会的（Social）	対人的な活動の領域．人を支援したり，教育をしたり，啓蒙をするなど他者に働きかけをする機会が多い．教師，医師，カウンセラーなど．
企業的（Enterprising）	企画・立案や組織経営・運営などの領域．組織や個人の目標達成のために他者を動かしたり交渉する機会が多い．経営者，管理職など．
慣習的（Conventional）	定められた規則や習慣を重視して行う仕事の領域．秩序的，体系的に仕事を進める，必要とする活動（簿記，ファイリング）を行う機会が多い．秘書，経理など．

図4　ホランドの六角形モデル

から、ポジティブにとらえられています。

　クランボルツ氏の理論は、自身の経験に関連しています。彼は、大学時代テニス三昧の生活を送りますが、大学２年の終わりに専攻分野を決めなくてはならなくなります。テニスに打ち込んでいたために、専攻分野の決め方もわからず、テニスのコーチの先生に相談します。そのコーチがたまたま心理学の教授で、そこで心理学を専攻することに決め、後にキャリア研究の第一人者になりますが、この出来事を幸運な偶然だったと振り返ります。この自身の経験から、キャリアは予期しない偶然の出来事によって左右されると考え、キャリアの転機についてのインタビューをした結果、「キャリアの８割は偶然で決まっている」という結論に至るのです。ただし偶然は予期できないから何もしなくてよい、のではなく、自らの主体性や努力によって偶然をキャリアに活かしていくことができるというのが「計画的偶発性理論」です。「偶然の出来事」を意味ある「計画的偶発性」とする上で重要なのが、以下の五つのスキルだとしています。

①「好奇心」　新しい学習の機会を模索する
②「持続性」　粘り強く努力し続ける
③「楽観性」　ポジティブに考える
④「柔軟性」　こだわらずに信念、概念、態度、行動を変える
⑤「冒険心」　リスクを取って行動を起こす

　偶然の出会いを創る、つまり重要な偶然の出会いを感じとることが大切、という点に、「変動する時代」に対応するキャリアのあり方を考える上での重要なヒントがあるように思います。

第4章　キャリアはだれのもの？

キャリアはだれのものか？　もちろん自分のものです。キャリアが自分のものであるから、「キャリアデザインをどうしよう？」と悩んでしまうわけです。自分のキャリアをどうしたいかを主体的に考えることは、至極当然のことのように思います。

けれども、これまで述べてきたように、西欧をモデルに経済発展を遂げた高度経済成長の時代に精緻化された日本的な雇用システムの下では、キャリア開発の特徴として「組織主導」という点があげられます。ここで組織主導というのは、組織が、従業員の将来像を見定め、様々な経験を積ませて一人前に育て、その人が能力を発揮する機会を提供するということを意味します。

1　ユニークな日本の「就活」

日本では、本格的な職業キャリアは学校を卒業して企業などに就職した時点から始まるのが一般的です。多くの生徒・学生は卒業後の進路が決まって学校を卒業します。私たちは、学校卒業の時点で就職先が決まっているというのは当たり前のことだと思っています。しかし世界的に見ると、これはとてもユニークな仕組みなのです。表2に示すように、日本の大学生の9割程度は卒業前に就職活動を開始しており、「無回答」には大学院進学者が含まれると考えると、ほぼ全員が大学時代に就職活動をしています。けれども、欧米では卒業後から就職活動を始めるという

表2　大学生の就職活動の開始時期

	日本	欧州計	イタリア	スペイン	フランス	オーストリア	ドイツ	オランダ	イギリス	フィンランド	スウェーデン	ノルウェー	チェコ
合計	100.0	100.0	100.0	100.0	100.0	100.0	100.0	100.0	100.0	100.0	100.0	100.0	100.0
サンプル数	2,728	24,512	2,220	2,175	2,463	1,549	2,338	2,258	3,019	1,826	2,250	2,673	1,741
卒業前	88.0	39.1	15.6	22.6	9.9	29.9	46.7	42.5	49.2	41.8	56.0	60.6	49.6
卒業の頃	1.8	28.6	40.5	34.0	8.2	34.6	33.0	37.0	20.2	38.4	29.3	22.7	26.5
卒業後	1.0	24.7	41.2	41.1	31.2	28.0	18.1	20.1	26.1	15.1	12.4	14.9	24.0
無回答	9.2	7.6	2.8	2.3	50.7	7.6	2.2	0.4	4.6	4.7	2.3	1.8	0.0

出所：日本労働研究機構「日欧の大学と職業――高等教育と職業に関する12カ国比較調査結果」(2001)

ことが決して珍しくないのです。

欧米では、大学に入っても学業を疎《おろそ》かにすると卒業ができないので、学業に注力する必要があります。また採用側は即戦力を求めて求人を行っており、欠員となったポストの求人に求職者が応募しますが、新卒のための特別な枠があるわけではないので、経験者と同じポストに応募をして選考が進むのが一般的です。そのため、経験が少ない新卒者は、採用で不利になることが多いのです。何ができるのかということが問われることになるため、学校卒業後に、インターンシップなどを経験しながら就職先を決めていくというケースが多いのです。

日本の雇用システムは、高度経済成長期に精緻化され確立されてきたと述べましたが、新卒一括採用の始まりは明治時代まで遡ります。工場経営に不可欠な技術者は明治初期に専門の学校（帝国大学工科大学、東京工業大学）の学卒者が採用されていましたが、明治30年以降教育制度の確立に伴い事務系職員の新卒採用が財閥系企業を中心に進んでいったとされています[15]。昭和に入ると、大企業では、人数は多くはありませんが、将来中核的な役割を担うことを期待して職業経験のない若者を定期的に採用するシステムができてくるようになり、尋常小学校や高等小学校の卒業者が対象となっていきます。

大卒者に関しては、戦後1947年の学校教育法の制定で新制大学が誕生して大卒者が急増し、就職の混乱が起こらないようにしようと、1953年に「就職協定」が設置されました。大学生の推薦開始時期や企業の就職試験実施時期を、大学4年時の10月1日以降とすることを文部省が大学、産業界、関係省庁の申し合わせという形で示しました。しかし、景気が良くなり人材不足が進むと就職・採用活動が早期化し、就職協定が守られず形骸化するという状況が続きます。1997年には「倫理憲章」、2013年には「採用選考に関する指針」と名前を変えながらも、政府は就職活動の時期に一定の目安を示していきます。こうした仕組みが形骸化する中、大学生は、「指針」を就職活動の開始の目安として参照しながらも、実質的には大学3年生から本格的に就職活動を始める、という現在の状況になっています。

新卒一括採用の仕組みは「間断なき移行」と呼ばれます。つまり、学校卒業から入社までの間に隙間がない移行が行われているということです。卒業の時点で就職先が決まっていることが当たり前となっているので、卒業までに就職先が決まっていないというのはとても不安です。もっと言えば、現在は、多くの企業が開催する10月初めの内定式というゴールを目指して、就職活動のプログラムを消化していくのです。日本でも中途採用は欧米と同様に即戦力採用となりますが、新卒採用は中途採用の求人市場とは全く質が異なるものとなっています。

私が就活で気になる点に、「リクルートルック」とも呼べる、学生の画一的な外観があります。スーツは黒、髪も茶髪を黒髪に戻す、持ち物や靴も黒でシンプルなもの、ピアスはご法度、のように個性を隠した就活が繰り広げられていきます。最近は説明会や面接を「服装自由」とする企

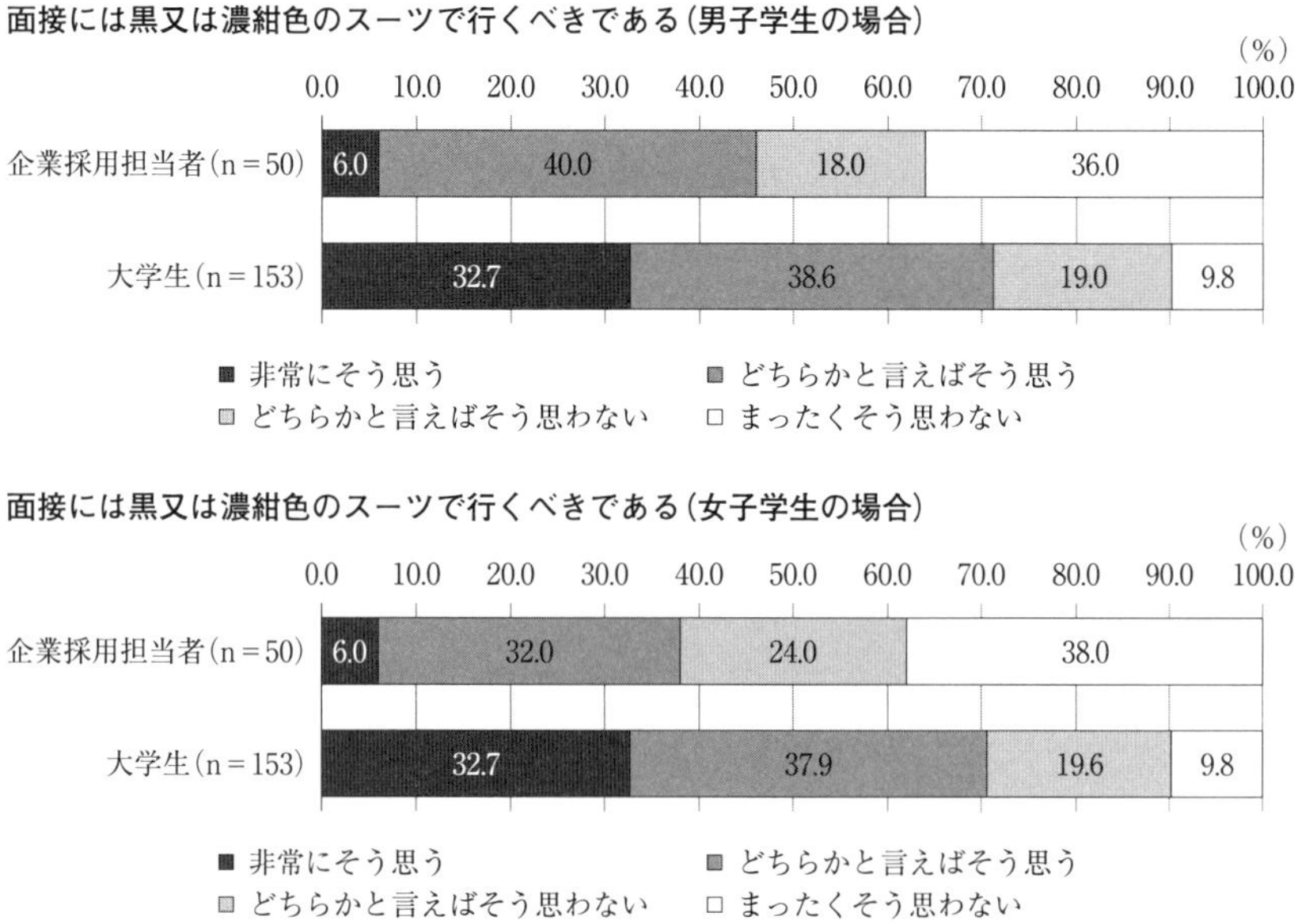

図5　リクルートスーツについての考え方

出所：法政大学キャリアデザイン学部 武石恵美子ゼミで実施した調査

業も増えてきましたが、そうなると学生は逆に「何を着て行けばよいのかわからない」と戸惑っています。

私のゼミで、リクルートルックに関して学生と企業の人事担当者にアンケートを実施しました。結果の一部を図5に示します。就活学生の服装や髪形などについて、企業の採用担当者よりも学生の方がはるかに保守的な考えだということが明らかになりました。世の中ではダイバーシティ(多様性)が重視され、個性が大事と言われているのに、学生は「ここで悪目立ちしなくても……」と、周囲からキャラ立ちすることを回避していきます。内定式や入社式の様子が報道されるのを見ても、一流企業といわれる企業では、ほぼ全員が同じ色のスーツで黒い髪、というように、キャンパスで見る個性豊かな学生の姿と随分違うなあと感じます。

2 新卒採用は「メンバーシップ型雇用」の入り口

日本の学卒者の「就職」のユニークさは、新卒一括採用方式が基礎にあり、その就職までのプロセスが、リクルートルックも含めてきわめて定型的・画一的なスケジュールで進む「活動」であることに加えて、就職というのが、「職に就く」というよりも「会社に入る」という意味でとらえられるという点をあげることができるでしょう。これを端的に示す言葉として、「メンバーシップ型雇用」という言い方があります。これと対比して使われる「ジョブ型雇用」と比較しながら、メンバーシップ型雇用の特徴を整理しましょう[16]（表3）。

その前に、メンバーシップ型雇用とジョブ型雇用と言うとき、日本企業はメンバーシップ型雇用、欧米の企業はジョブ型雇用、というような議論がなされがちですが、そのようにきれいに区別されるものではなく、例えば日本でもジョブ型雇用の特徴を持つ企業や職場がありますし、反対に欧米でもメンバーシップ型雇用に近い形で雇用されるケースもあります。日本企業では、「メンバーシップ型雇用」の特徴が明確に表れることが多い、と理解してください。

「メンバーシップ型雇用」とは、「職務のない雇用契約」であり、職務を決めて雇用する「ジョブ型雇用」とはこの点で明確に異なります。「メンバーシップ型雇用」は、職務だけでなく、勤務する場所も特定しないで、広く会社のメンバーとして雇用されます。

表3　メンバーシップ型雇用とジョブ型雇用の比較

	メンバーシップ型雇用	ジョブ型雇用
仕事に就くこと	就社	就職
雇用契約	曖昧	明確
人と仕事の関係	人に仕事をつける	仕事に人をつける
賃金の決定基準	人の能力	仕事の価値
人事権	組織	組織＋個人
雇用の保障	事業再編などでも長期雇用が前提	事業再編などで雇用機会がなくなるリスク

なぜ日本企業はメンバーシップ型雇用の特徴が色濃くみられるのか、という理由は、長期雇用システムと関係します。「雇用の安定」というのは、経営側にとっても従業員にとってもメリットがありますが、そこにはデメリットもあります。企業経営を取り巻く環境である市場や技術は常に変化をしており、それに対応しないと組織は存続できません。景気が良い時もあれば悪い時もあります。そうした環境の変化の中でも、雇用を守ることを優先するのが長期に安定した雇用ということです。

そのためには、経営を取り巻く環境変化という外的なショックに対して、組織側は柔軟に対応する必要があります。人を採用する際にどのような仕事（職務内容）をどこで行うか（勤務地）といったことを取り決めておくと、その仕事や勤務地がなくなったときに雇用を保障できなくなります。メンバーとして長期雇用を約束する以上、組織側がその時々の状況に応じて職務内容や勤務地を従業員に示し、従業員は原則としてそれに従うというルールで人事が運用されることは重要なことなのです。組織側がこのように人事管理の面で高いフリーハンドを持っているということは、働く側から見ればそれに従うことが求められるという意味で裁量度が低いということになります。つまりメンバーシップ型雇用で重要なのは、どのような仕事をどこでするか、という働く条件を決定する権限、つまり「人事権」が組織側にあるという点です。

これに対して「ジョブ型雇用」では、そもそも採用の時点で担当する仕事や勤務場所が限定されているので、働く側としては、入社後にどこでどんな仕事をするのかについて見通しができています。もちろん入社後に仕事や勤務地が変わる場合もありますが、組織の人事命令で一方的に異動させることはしないで、まずは本人の希望や意思が尊重されます。誰かが退職をして欠員が出た場合に、メンバーシップ型雇用では、そのポストにふさわしい人を組織が選びますが、欧米では欠員の情報を社内で公開して、社内で異動の希望を募る「社内公募」が一般的に行われます。社内の希望者が応募して、欠員が出た部門のマネジャーが選抜を行うというのが一般的です。

これは賃金の決定基準とも関連します。ジョブ型雇用の場合は、A職務という仕事がどの程度価値があるかという判断により、A職務の賃金が決まり、その職務に就くことによって個人の賃金が決まります。つまり仕事を遂行する「席」に値段がついているのです。しかしメンバーシップ型雇用では、個人の能力を評価して賃金を決めます。「人」基準で賃金が決定するので、仕事内容が変わった場合でも、それを理由に賃金が変わることはありません。ですから、別の仕事への人事異動の命令が出た場合でも、賃金のことを気にしないで従うことができるわけです。

このように、メンバーシップ型雇用の日本では、採用後に(勤務地を含めて)どこに配属されるのか、どのような仕事を任されるのか、ということに従業員個人の希望が反映される余地は少なく、その後の異動も人事命令によって組織が行うのが一般的です。キャリアということで考えれば、キャリアをどのように開発していくか、という点に関しては「組織に任せる」というのがメンバーシップ型雇用の本質になります。企業に入ると、知識やスキルをアップさせる機会として、「新入社員研修」「3年次研修」「中堅社員研修」などの研修メニューがありますが、このような研修も希望者を募る場合もありますが、組織から指名された人が受講するという方式が多いのです。

3　流されても創られたキャリア

ここで働く側に裁量の余地がないと聞くと、ネガティブなイメージで受け取るかもしれませんが、必ずしもそうとは言えません。例えば、企業の人事命令に従っていろいろな地域で仕事を経験することは、職場の全体像を理解する上では役に立つことも多く、成長できる機会ともなっていました。人事異動や研修受講は、「育成」という意図をもって実施される部分もあるので、組織の中で一人前に育ち、それによってキャリアが開発されていったことから、働く個人も受け入れることができたわけです。

この点をデータで確認しましょう。図6に社員の能力開発の責任主体についての企業の考え方を示しました。「企業主体」という考え方が、2000年代初めに減少しながら、その後にこの割合が上昇するなど、現状では企業から個人へという大きな流れになってはいないのです。日本経済団体連合会「人材育成に関するアンケート調査」(2019)でも、キャリア形成の現状を会員企業対象に調査しているのですが、「会社(人事・上司)主導」が4分の3を占め、「社員自律的」とする企業を大きく上回っています。

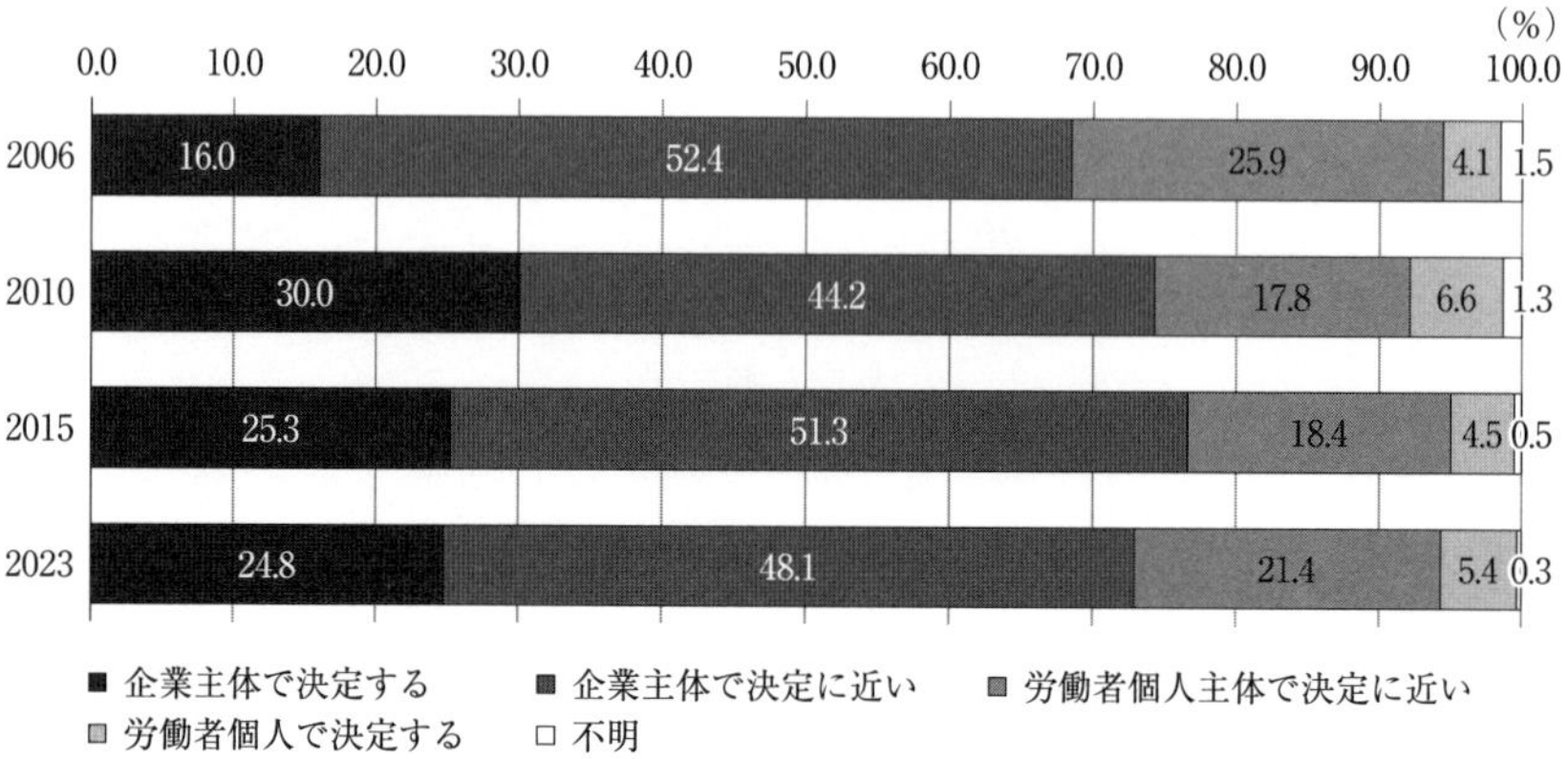

図 6　正社員の能力開発方針の責任主体について（企業調査）
出所：厚生労働省「能力開発基本調査」

個人のキャリアデザインという視点でこの状況をとらえるなら、自身の将来のキャリアについて主体的に考えずに流れに任せていても、自然とキャリアが開発されたといえるでしょう。キャリアは本来「個人」に帰属するものではありますが、メンバーシップ型雇用の下では、仕事を選ぶ、働き方を選ぶことに関して個人の裁量の余地は小さく、組織側の裁量性を高めることによって、結果として異動や仕事配分を通じたキャリア開発が円滑に進んできたという側面がありました。

4　流されてもよい時代に起きていたこと

それでは、キャリアが組織主導で行われてきたことの問題はどこにあるでしょうか。

まず、個人がキャリアプランを描いているかどうかを図7で確認すると、特にキャリアプランを考えていない人が圧倒的に多いのです。仕事の入り口の就職活動においても、スケジュールに沿って追い立てられるように「就活プログラム」をこなしていくという旧来型の方式が相変わらずとられています。近年では、少子化で労働力供給が制約されていく中、大学3年生を対象にしたインターンシップや企業説明会などを使って「早期選抜」が進んでいることは、憂慮する事態です。大学での学びを積まないうちから将来を考えるのは、正直厳しいと思います。この影響か、最近は超大手企業でも学卒者の早期離職が問題になるなど、学生が就職後にミスマッチを感じる傾向も強まっているようです。

とりあえず流れに任せておくと安心、というのは理解できますが、それによって自分が何をしたいのか、どんなキャリアを歩みたいのか、について自問自答する機会が失われているのではないでしょうか。

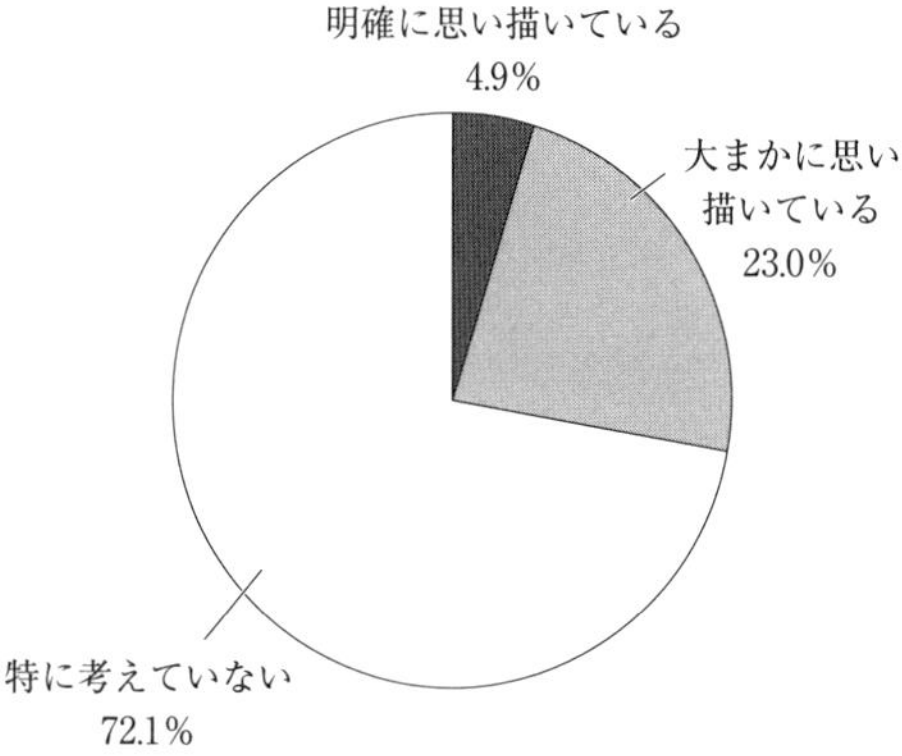

図7　キャリアプランの有無

出所：日本生産性本部「第13回 働く人の意識調査」(2023)

キャリア開発に関する行動や意識について、私が参加している研究プロジェクトで国際比較を行いました[17]。その結果から日本の課題を考えてみましょう。

まず、図8で「スキルや能力を高めるために自己投資をしている」を見ると、「当てはまる」と「どちらかというと当てはまる」を合わせた割合は、アメリカがこの中では76・5%と最も高く、イギリス71・1%、フランス67・1%、ドイツ66・5%の順で、日本以外は7割程度にのぼっています。これらと比べると、日本

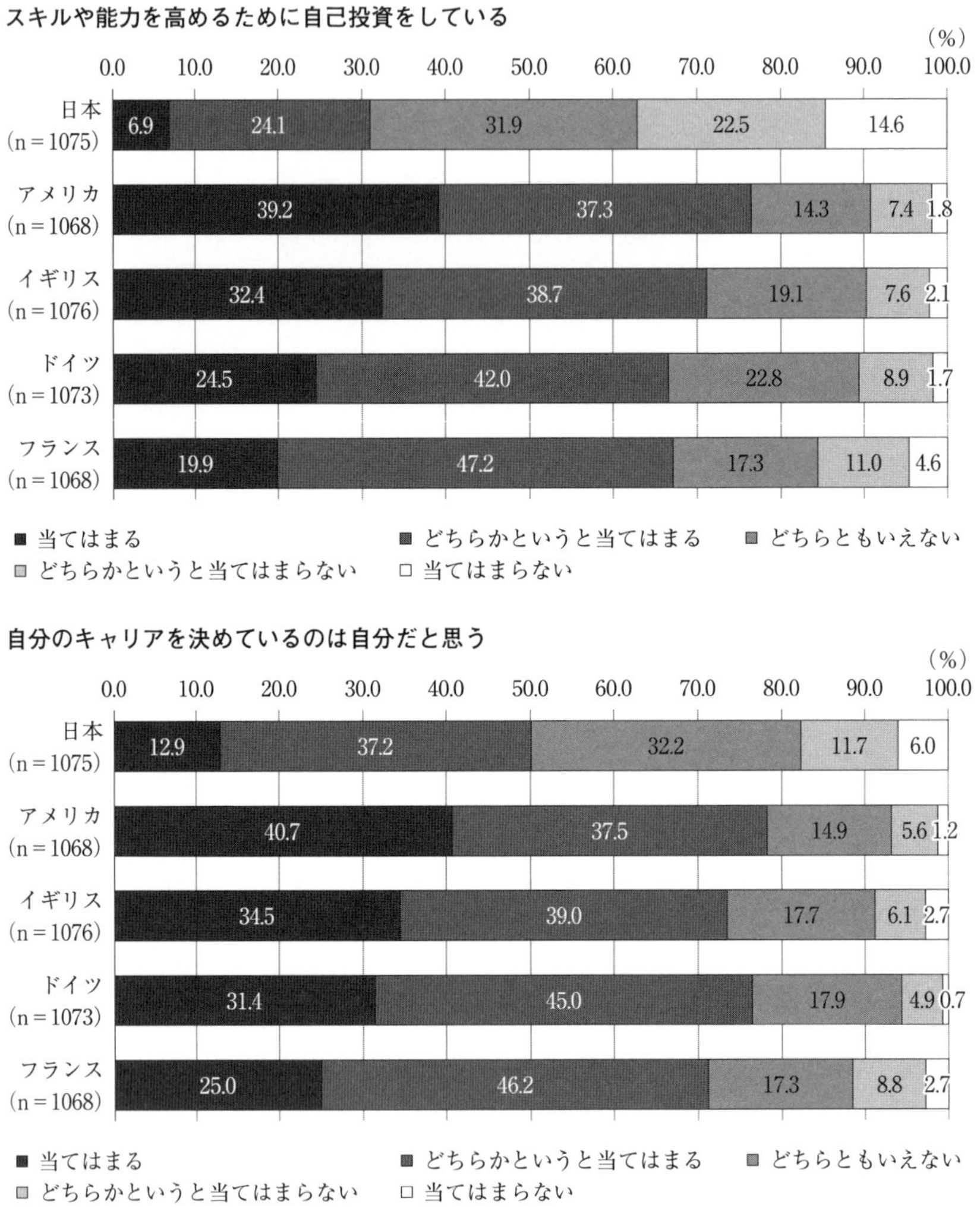

図 8　キャリア意識に関する国際比較

出所：ワーク・ライフ・バランス＆多様性推進・研究プロジェクト(共同代表：佐藤博樹・武石恵美子)「ホワイトカラーの働き方や就労意識に関する国際比較調査」(2023)

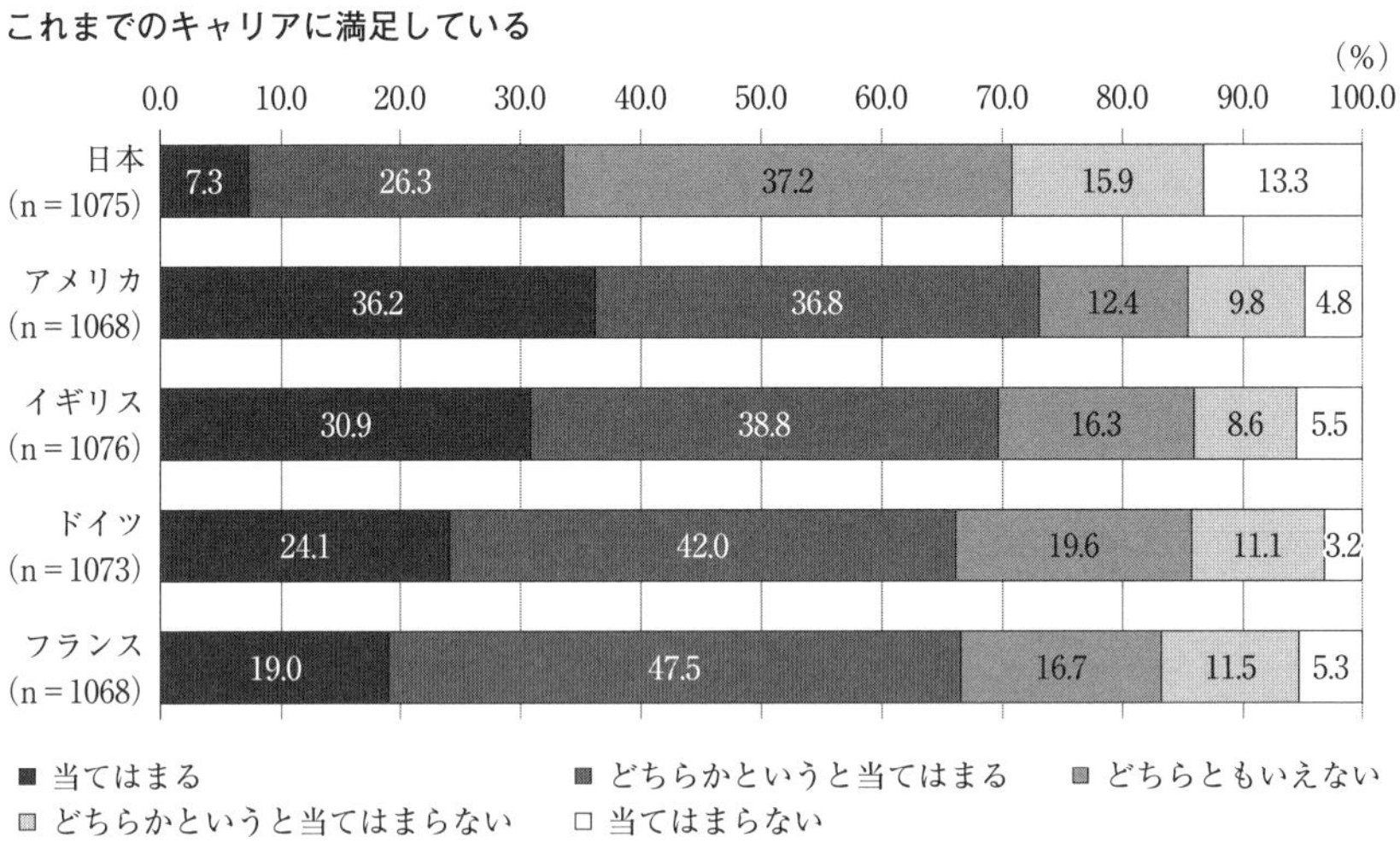

図9　キャリア満足に関する国際比較

出所：ワーク・ライフ・バランス＆多様性推進・研究プロジェクト（共同代表：佐藤博樹・武石恵美子）「ホワイトカラーの働き方や就労意識に関する国際比較調査」(2023)

のこの割合は31・0％と比較国の半分以下です。もう一つの項目「自分のキャリアを決めているのは自分だと思う」について同じく図8で見てみましょう。「当てはまる」と「どちらかというと当てはまる」の割合は、アメリカで最も高く78・2％、次にドイツの76・4％、イギリス73・5％、フランス71・2％といずれも7割を超えていますが、日本は50・1％と半数にとどまります。[18]

この背景として、日本の雇用の仕組みの中で自身のキャリアに主体的に向き合う機会が少なく、流されていてもキャリアが創られてきたこれまでの状況が考えられます。そして、「これまでのキャリアに満足している」という項目に関して、「当てはまる」と「どちらかというと当てはまる」の割合は、アメリカが73・0％、イギリス69・7％、フランス66・5％、ドイツ66・1％ですが、日本は33・6%と、これも比較国の半分程度の割合となっています(図9)。流されていくのは簡単ですが、振り返ってみると、「思い描いていたのとはちょっと違う」というのは問題があります。

5 「キャリア自律」が重要に

組織主導で流されてもキャリアが創られていったために、自分のキャリアに主体的に向き合う機会が決定的に少なかったのが、日本的雇用システムの特徴と言えるでしょう。このままでも問題がなければ、従来のやり方を踏襲していてもよかったのです。しかし、安定の時代から激動の時代に変わり、企業側がこのやり方では経営がもたない、と考えるようになってきました。

もう一度考えましょう。キャリアはだれのものか? キャリアは個人のものであり、一人一人が自分のキャリアを選んで自己決定するのが本来の姿です。

経営者の団体である日本経済団体連合会(経団連)は、経営環境の不連続な変化に対応するために、経営者、組織が変わることに加えて、従業員にも変化を求めるようになっています。経団連は、企業は経営を取り巻く環境変化の中で厳しい競争を勝ち抜いていく必要性が高まっており、そうした状況に対応するためには「自律型人材」が不可欠であると指摘します。ここでいう「自律型人材」とは、「自ら主体的に考え行動する人材」のことです。

さらに近年になると、前述した「Society 5.0」を「デジタル革新と多様な人々の想像・創造力の融合によって、社会の課題を解決し、価値を創造する社会」ととらえ、(19) デジタル技術を活かし新しい価値を創出できる人材を求めると明言しています。中長期的な視点で自社に適した社員を時間をかけて育成する従来型の仕組みだけでは、Society 5.0 時代に活躍する人材の輩出は困難になるとして、働き手には、主体的に自身の価値「エンプロイアビリティ(雇用される力)」を磨いていくことを求めるようになってきました[20]。

また、少し角度を変えると、企業経営において人材の多様性が重視されており、ダイバーシティ推進を重要な経営戦略に位置付ける企業が増えています。ここにも、激しく変化する経営環境により、これまで踏襲してきた経営のやり方ではこの変動に対処しきれないという、経営サイドの強い危機感が存在しています。そのため、従来とは異なる発想や知見を結集して、新たなビジネスにつながるようなイノベーションを起こすことが重要と考えられ、そのためには、これまでは重視してこなかったようなタイプの人材に目を向け、異質な人材の発想や意見を活かす人材戦略が不可欠と考えられるようになってきたのです。

ダイバーシティ経営では、人材の多様性や異質性に価値を置くことから、組織の和を重んじるといった全体の調和以上に、一人ひとりの「個性」や「違い」という面に光を当てることになります。同質性を重視してきた日本の組織においては、「突出」「出る杭」は疎んじられ、「個」が組織の中に埋没しがちでした。しかし、ダイバーシティ経営においては、「個」こそがクローズアップされることになるため、組織が期待する人材を育てる、というやり方はマッチしません。ダイバーシティ経営の視点からも、個人の「発意」「チャレンジ」が重視されます。組織の中にとどまらず組織の外へと視野を広げる「副業・兼業」などが注目されているように、自身のキャ

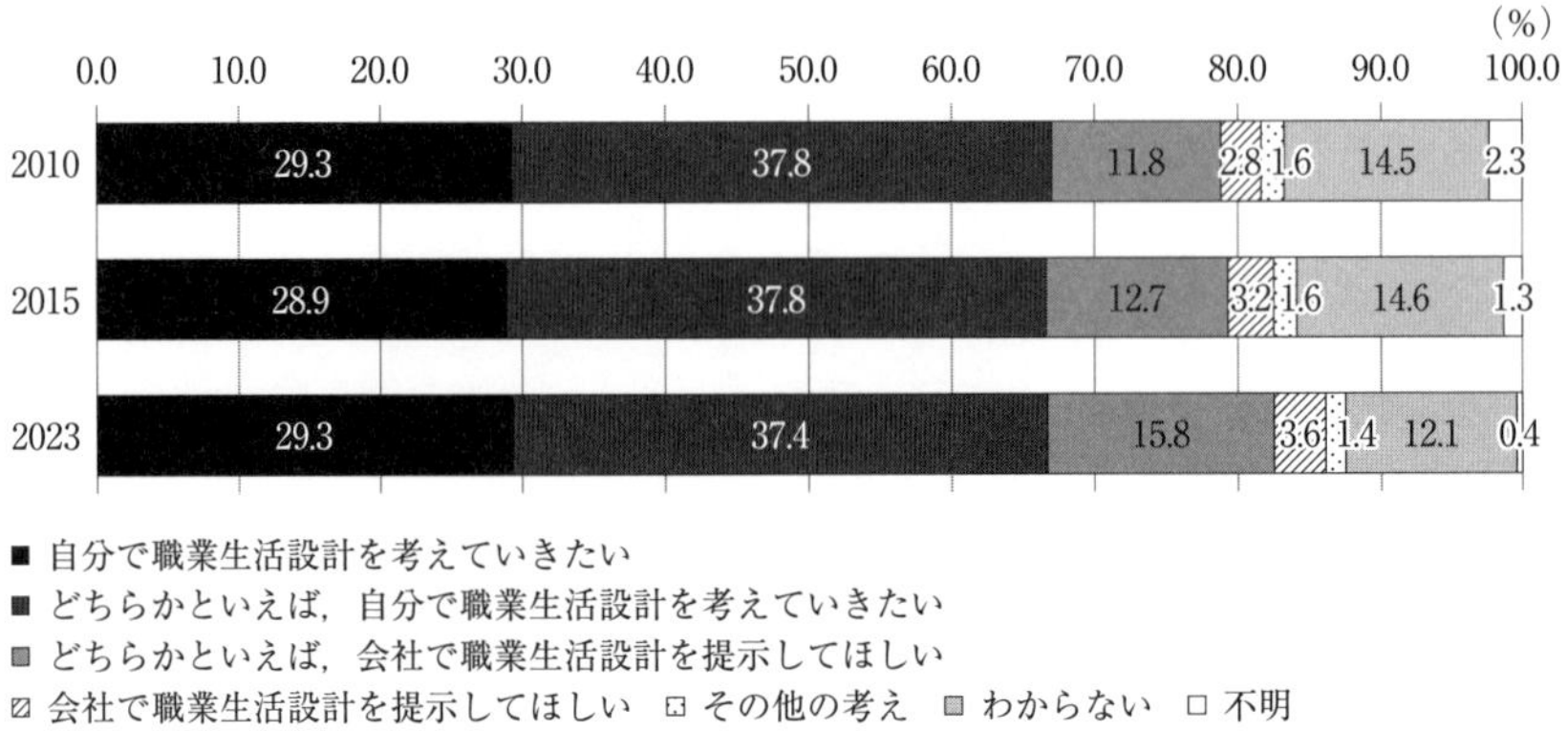

図 10　職業生活設計についての考え方（正社員の回答）
出所：厚生労働省「能力開発基本調査」

リアに主体的に向き合う個人主導のキャリア開発が必要になってきました。

これまで組織の裁量（都合）で人事異動を行い、それが育成にとって重要な意味があったと言ってきた経営サイドが、掌を返したように「自律が重要」と言い出すのは、なんとなく突き放されたような気分になるかもしれません。けれども、キャリアは個人に帰属する、という本来の姿に戻ったということはポジティブに受け止めたいと思います。

そもそも、人はキャリアを自分で選びたいという気持を持っています。図10に示すように、「自分で職業生活設計を考えていきたい」と考える割合は「どちらかといえば、自分で職業生活設計を考えていきたい」を含めると7割近くを占め、一方で「会社で職業生活設計を提示してほしい」とする割合は「どちらかといえば、会社で職業生活設計を提示してほしい」を含めて2割程度と少数で、２０１０年以降この傾向に変化はみられません。

自律的・主体的なキャリア開発の重要性は、人は外的な報酬以上に自ら自発的に行動することで強く動機づけられるという「内発的動機づけ」という考え方に依拠しています。内発的動機づけにより学習効果や仕事の成果が高まり、特に自律性が高い状況で内発的動機づけの程度が高くなるとされているのです。経営サイドがキャリア自律を重視するのは、それが生産性に寄与するという側面があるということもポイントです。

6　スキルのアップデートが求められる

キャリアを自律的に開発する上で、どのようなスキルを高め、磨くべきか、ということは重要になります。特に変化の激しい時代には、個人が持つ能力は陳腐化していき、役に立たなくなってしまうこともあるでしょう。そこで、「学び続けること」が重要になります。

最近は、「リスキリング」という言葉が使われるようになってきました。これは「職業能力の再教育・再学習」の意味で、個人が取り組む「再学習」だけでなく、組織側の働きかけである「再教育」も重要とされています。新しい知識やスキルを社外の学校などに通って獲得しようとしても、情報や知識、経済力が必要になり、すぐに対応できる人は多くはありません。そこで、まずは職場内でのＯＪＴやOff-JT の形で行われるスキルアップの機会が重要になるのです。職場における再教育は業務に直結する実践的な学びにつながる可能性が高いことから、リスキリングの重要な機会と位置付けることができます。

ただし、職場の中だけでは新しい知識やスキルに対応することが難しいケースが増えていることも事実です。技術が新しいために社内に教育をする人材がいない、外部の機関で社内にはない新しい技術や知識を身につけてきてほしい、といった組織サイドの事情やニーズがあることも多いのです。もちろん、働く個人が自らのキャリアを考えて、今いる組織の外で学びたいと考えることも増えていくと考えられ、組織の外にも目を向けて学ぶ機会を活用することの必要性は、今後ますます高まっていくでしょう。

外部の学ぶ場として、大学・大学院などの高等教育機関や、民間もしくは公的な職業訓練機関などがあります。これまでの学校教育は、人生の初期に組織的な教育を集中的に受けて教育が終わって社会に出るという「フロント・エンド・モデル」により、社会に出ていない若者が主たる対象でした。しかし、「リカレント教育[21]」という言葉が使われるようになり、労働や余暇などの諸活動と教育を生涯にわたって分散させるモデルとして定着してきました。日本では、大学在学者の年齢が20歳前後に集中しており、ヨーロッパのように多様な年齢層が大学に在籍している状況とはかなり様相が異なっており、この点でも「フロント・エンド・モデル」が強固な社会といえますので、生涯にわたって学び続けるということの必要性を再認識することは重要です。

また、学びの機会は、「ボランティア活動」「地域コミュニティ」「異業種交流」さらには「副業・兼業」といった多様な活動にも広がっています。「副業・兼業」は、以前は本業に集中しなくなることを懸念して禁止する企業が多かったのですが、従業員の社外での経験や人的ネットワークの広がりを積極的に評価し、「副業・兼業」を認める、さらには推奨する企業もでてきています。一人の個人の中で経験やスキルの幅を拡げるという観点からは、育児や介護などのプライベートな生活経験にも、積極的な意義を見出すことができます。近年男性の育児が注目されていますが、男性が育児責任を担うことは、女性の負担を減らすということにとどまらず、男性の育児経験が、異なる視点を職場に提供したり、事情のある部下への共感力を高めるなどマネジメント能力にもプラスになるというように、ポジティブな面も意識されるようになっているのです。

7　自律と規律のバランス

キャリアを自律的に考え、行動することが、積極的に奨励される時代になってきました。けれども、自律とは、自分がやりたいことをやっていいという自由放任とは違います。

近年、入社1日目に退職をするといった新入社員のケースがニュースで取り上げられます。入社1日は極端ですが、入社後短期間で離職をするケースが目立ってきたようです。その一つの理由として、「自分がやりたい仕事ではない部署に配属された」といういわゆる「配属ガチャ」があげられています。「やりたいこと」が明確にある人がそれとずれてしまったから辞める、というのは、自律的なキャリアを追求した結果と言えるのかもしれません。思っていたこととは違う、ということはよくある話ではあります。自分の描いていたキャリアのスタートで躓いてしまったと思う気持もわからないではありません。ただ「辞める」前に、この予想していなかった出会いを受け止めてそこでチャレンジをしてみよう、と思ってその場に残ること、それも一つの自律の姿ではないでしょうか。

「自由放任」は自由に好きなことをやっていいということですが、キャリアを開発する「場」

には一定のルールがあります。そのルールをわきまえずにやりたいことを選んでいけば、職場は無責任な人の集合になってしまうでしょう。

組織に目を向けてみると、そこには「職場のルール・規律」があります。個人の「自律」と組織の「規律」は時に衝突することもあり、それを調整しなくてはならない場面が出てきます。個人の「キャリア自律」により様々な可能性が拡がりますが、経営目的を持つ組織の中では経営が目指すものとの調和を図る必要もあるのです。最近は、組織の「パーパス（存在意義）」「ミッション（目指す姿）」などを明文化して、それを組織内のメンバーで共有する、さらには外部に発信する動きが目立ってきました。こうした動きは、組織の存在意義と関連付けて「自律」を考えてもらうための枠組みとしてとらえることができます。つまり、個人が自身のキャリアを考えて自律的に行動していくのを推奨しつつ、判断基準の拠り所となるプラットフォームを用意しておくということです。

表4　職場適応のモデル

		職場慣行受容度 低	職場慣行受容度 高
経営目標受容度	高	創造的組織人（選択的適応）	会社人間（過剰同調）
	低	疎外人（離職，不適応）	指示待ち人間（仮の同調）

出所：若林（1995，p. 170）より．

組織の「規律」と個人の「自律」の関係について、若林満氏の提示した表4を使って説明しましょう(22)。個人は、経営が目指すもの、つまり組織のパーパスを受け入れることは重要です。同時に組織のメンバーは、組織の制度、文化や慣行などに適応することが求められます。しかし、それをすべて無批判に受け入れて過剰に同調するといわゆる「会社人間」になってしまいます。組織の慣行など「前例踏襲」として進められてきたことに関しては、必要なものは受容しつつも、おかしいと考えるものは受容しないというように選択的に適応することで、「会社人間」に染まらず「創造的組織人」になるというものです。「自律的に考え行動する」を基本に置きつつ、「規律」を拒絶するのではなく、選択的に受容しながら受容できない部分を変える努力をすることも「自律」の姿といえるでしょう。

損害保険会社の東京海上ホールディングスでは、「社員一人ひとりの想い＝My Aspiration」と、「会社のPurpose＝所属する組織の目指す姿」をつなげる「LINK」という取組を始めています。会社の存在意義や組織が目指す姿の方向性を確認しながら、従業員個人がこうありたいと願う志を尊重してチャレンジを促し支援する、組織と個人の連結（LINK）を意識した取組です。組織の方向性と個人の志がつながらないと、個人の自律が空回りしかねませんので、こうした両者のすり合わせ・調整の仕組みは、社員と会社双方の成長を実現する上で重要です。

組織の方向付けを無批判に受け入れてしまうのは問題ですが、組織が提示する方向付けと自分自身の想いとつなげながら納得して前に進めれば、それは自律の一つの姿だと思います。つまり「規律」を受け入れて内在化しながら「自律」を追求してみる、ということがキャリア自律の現実的な姿なのではないでしょうか。

第5章　不確実な時代のキャリアの創り方

1　キャリアデザインは意味がないのか?

それでは「キャリアはどのようにデザインするのか」という最初のテーマに立ち戻ってみましょう。

ここまでの議論で、「VUCA」の時代にキャリアを展望することは難しいということを繰り返し述べてきました。そうすると、キャリアはデザインできない時代になった、デザインしても仕方ない、という結論になりそうですね。確かに、変動が大きく将来が見通せない時代に、キャリアのゴールを決めて行程表を作る「キャリアデザイン」の意義は薄れてきたのではないでしょうか。

「キャリアデザイン」の反対にある言葉として「キャリアドリフト」があります。ドリフトは漂流という意味で、キャリアドリフトは流されていくキャリアという意味合いがあり、なんとなくポジティブな印象はありませんね。けれども、キャリア研究の第一人者の金井壽宏氏は、この「ドリフト」をポジティブにとらえ、流れに身を任せることで生まれる推進力があると指摘しています。[23]「ケセラセラ(que será será)」というスペイン語は、「なるようになる」という意味です。将来のことを考えて不安になるよりも、自然の成り行きに任せて今を受け入れようという開放的な姿勢を示しています。「キャリアドリフト」に通じます。

ただし、一生ドリフトをしていると流されていく人生になってしまいます。金井氏は、節目をデザインしてそれ以外はドリフトしてもかまわない、と言います。就職する時、転職する時、新しい仕事を引き受ける時、もちろん仕事以外でも結婚をする時、など、節目には「デザイン」的なアプローチをする必要があるけれども、流されてよい時も多い、ということです。

デザインとドリフトの両方を適度に組み合わせていくのが、激動の時代のキャリアデザインの一つの姿といえそうです。

2　オープンマインドにチャレンジする

キャリアのゴールが見えなくなってしまった時には、流されながら、これまでの自分を振り返ってみたり、新しい境地で新しいことにチャレンジしてみたりと、目線をずらしてみることで新しい展開が見えてくるかもしれません。

クランボルツ氏の「計画的偶発性理論」を思い出してください。「偶然の出会い」がキャリアに大きな影響を及ぼすという考え方ですが、偶然の出会いを創るためには、オープンマインドで挑戦することはとても重要なことなのです。前に述べた「変身資産」とも通じるものがあります。

クランボルツ氏が重要な能力としてあげたものが、「好奇心」「持続性」「楽観性」「柔軟性」「冒険心」の五つでした。これらは、まずは行動してみてはどうか、と背中を後押ししてくれる言葉ではないでしょうか。今やろうとしていることがどのような結果につながるのかを予測して行動に移すよりも、自身の好奇心を信じて一歩踏み出し、そこでの出来事や人との出会いを楽しんでみてはどうでしょうか。目標を見失ってしまった時には、そのタイミングこそが何か新しいことに踏み出すチャンスと、前向きにとらえてみませんか。

iPhoneを世の中に出したアップル創業者のスティーブ・ジョブズ氏が２００５年のスタンフォード大学の卒業式で行った素晴らしいスピーチがあります。そこで次のように述べています。

You can't connect the dots looking forward; you can only connect them looking backwards. So you have to trust that the dots will somehow connect in your future.（将来に向かってドット（点＝経験）をつなげることはできない。過去を振り返ってドット（点）がつながる。したがって、将来どこかでドットが繋がることを信じなければならない。）

何か目的をもって行動をすることは重要なのですが、私たちはいつも目的に向かって一直線に進んでいるわけではありません。役に立ちそうもないことや、何のためにやっているのかわからないこともたくさんあります。けれどもそういった経験を後で振り返ってみると、今につながっていることを実感する瞬間があるということです。

「チャレンジしよう」と言われると、新奇なものに果敢に挑んでいくといったイメージがあり、ハードルが高いですね。しかし、普段の生活の中で出会ったことをきっかけに何か行動に移してみるというようにとらえてみましょう。面白そうなセミナーに参加してみる、いつもと違う道順で家に帰ってみる、など小さなチャレンジの機会はいくらでもあります。

また、新しい大きなことに踏み出す時にはリスクも伴いますが、それを恐れずに自分の選択を信じる姿勢も大切です。たとえば、仕事をしていると新しい責任を課されることがあります。それが大きな責任を伴うものであれば、自分にできるだろうか、と不安になるでしょう。でも、視点を変えて、任せる側の立場に立ってみてください。大事な仕事を依頼する時には、相手を選びますよね。そう考えると、頼まれ仕事は、実は成功の確率が高いと考えることができるでしょう。仮にそこでミスをしても、難しい仕事だったのならその失敗から学べばいいのです。仕事を依頼されて断ったときに、「この仕事には興味がないのだろう」「できるはずなのに自信がないんだな」と思われると、次の依頼はもうこないかもしれません。頼まれた仕事を引き受けてみることも一つのチャレンジと考えると、チャレンジが様々なところに存在していることに気がつきます。

３　自身のパーパスを基礎に展望する

それでは、「デザイン」について考えましょう。

ここでまたノーベル賞受賞者の言葉を紹介しましょう。「導電性高分子の発見と発展」で２０００年にノーベル化学賞を受賞したのが白川英樹氏です。導電性高分子と言われてもさっぱりわかりませんが、要するに、プラスチックは電気を通さないと考えられていましたが、それが導電性を持たせるという発見をし、現在、スマートフォンのタッチパネルなどに応用されているということです。ノーベル賞につながった発見の発端は、助手のミスで実験の材料の濃度を間違えてしまったことだったとして、「セレンディピティ（serendipity）」という言葉を紹介しています。「セレンディピティ」の語源は、「セレンディップの３人の王子たち」というおとぎ話にあります。この話は、セレンディップという国の３人の王子が、外国を旅する中で出会う様々な出来事に対処し、後にその経験を活かして国を治めるというものです。そこから「偶然がもたらす幸運をつかむこと」を意味する言葉として定着しました。

２０１０年にノーベル化学賞を受賞した鈴木章氏も、記者クラブでのインタビューで同じ「セレンディピティ」について次のように話しています。

「大きな発見というのは偶然からやってくる。幸運がやってくるという、そのチャンスというのは人間誰にでも平等にあるが、それを生かすには、注意深い心と、一生懸命やろうと努力する精神、そして謙虚に考えるということ、それらがあって初めて大きな幸運が生まれる。そういう努力をしなければ絶対幸運の女神が生まれることはあり得ない」

私たち研究者が新しいテーマで研究しようとする時には、これまでの研究で何が明らかになっており、どこに対立点があるのか、といった点を把握するために先行研究をサーベイするというステップが欠かせません。そのために文献を集めて読むのですが、自分の研究の課題意識が曖昧だとなんとなく読み飛ばしてしまう部分も、研究の目的や課題意識が明確になると、同じ文献を読んでも自分にとって重要な部分が浮かび上がってくるのです。

キャリアにおいても一定の方向性を持って生活を送っていると、重要な出会いを感じ取る瞬間があります。出会いは日常のあらゆる場面にあるのですが、漫然と過ごしているとそれに気付かず、自分にとって重要なチャンスを見逃すことになりかねません。たまたま出会う偶然の中で、意味ある偶然に気づくために、自身の将来について緩やかな展望を持つことも必要なことなのです。

したがって、自分のキャリアの方向性を見据えることは重要なのですが、それならキャリアのゴールをどこまで明確にしておくのがよいのでしょうか。

キャリアのゴールを明確にすることには、メリット・デメリットの両面があります。メリットは自分の進みたい道筋が明確になっているので、そのために努力をするモチベーションが高まります。スポーツ選手がゴールを決めて日々のトレーニングに励むというパターンですね。目標が明確であれば、それを達成するための最短のルートを見つけることができ、効率的に目標に到達することができるでしょう。

けれども、目標が明確であると、他の選択肢が目に入らなくなってしまうというデメリットがあります。激動の時代には、ゴールポストが動いてしまったり、時にはなくなってしまうかもしれません。そうなったときに目標を失ってやるべきことがわからなくなってしまうリスクがあるのです。

大リーグで活躍する大谷翔平選手が高校時代に作成した「マンダラチャート」が注目されました。これは、３×３の９マスを９個作成し、中央のマスに達成したい目標を書いて、そのために何をするかを周りのマス目に書いていくものです。大谷選手の目標(真ん中のマス)は、「ドラ1　8球団(ドラフト1位を8球団で獲得する)」というものでした。そのために必要な周囲のマス目から、それをブレークダウンしたアイデアが並んでいます。この中には、野球に関する目標だけでなく、「運」や「人間性」「メンタル」といった項目があります。「運」の周りを見ると、「ゴミ拾い」「プラス思考」などが書かれています。ドラフト1位指名という目標を実現するために、野球の世界だけでなく広い視野で目標への実現をとらえていたのでしょう。

ただしよく考えてみると、「ドラ1　8球団」というのは、到達点としての「ゴール」ではありません。この本意は誰からも一目置かれる野球選手になりたい、ということなのではないでしょうか。「目標」と似た言葉に「目的」があります。英語で言うと、目標はtarget、目的はpurposeというのがしっくりくるでしょう。目的が「自分は何をしたいのか、どうありたいのか」ということを示すのに対して、目標は「目的を達成するために何をするかを示すもの」と区別することができるでしょう。

大谷選手が「自分はこんな野球選手でありたい」ということを「ドラ1　8球団」という具体的な目標として言語化したと考えると、「ドラ1　8球団」に大谷選手にとってのパーパス(存在意義)が隠れていると見ることができるでしょう。自分は「どうありたいのか」という目的(パーパス)を明らかにしながら緩やかに将来を見据えることが大切なのです。

4　過去をつなげてキャリアの軸をつかむ

自分のパーパスを明らかにする、という時にパーパスを探しに行こうとすると道に迷ってしまうかもしれません。キャリアは時間の流れの中で創られていくもので、過去から今、そして未来へと向かいます。キャリアをデザインするというと、今から将来を見据えようと考えがちですが、今につながる過去の経験を自分なりに整理することはとても重要です。ドリフトしてきた自分の軌跡を振り返って、それが今の自分にどうつながっているか、という内省をすることによって、自分が大事にしてきたものや変化にどのように対処してきたのかという「自己」を知ることができるでしょう。

　ドリフトしてよいと言われると救われた気分になりますが、ドリフトをしているだけでは「その日暮らし」になってしまいます。漂流しているだけでなく、意味あるキャリアとするためにはどうすればよいでしょうか。船が「ドリフト」しないためには「アンカー（錨）」を下ろします。「キャリア・アンカー」という言葉があります。これは、自分がキャリアを考える上で重要で譲れないところに錨を下ろして、漂流しないようにするというイメージです。キャリアで譲れない軸について考えてみるとき、過去の経験から今を見つめてみる、ということも重要なことです。「キャリア・アンカー」を提唱したシャイン（Schein）氏[24]は、それを確かめる上で、次の三つの問いかけが有効であるとしています。

①自分は何ができるのか（才能や能力）　‘can’
②自分は何をやりたいのか（動機や欲求）　‘will’‘want’

③自分は何に意義や価値を感じるのか（価値）'must' 'value'

この三つの要素からキャリアの軸を考えるのも一つのやり方です。①は自分が得意とするものですが、変化の激しい時代にはこの能力をアップデートする必要がありますし、同時にできることは拡張できるので、自身の能力や才能の今後の可能性にも気付くと良いでしょう。②のやりたいことは興味・関心のあることですが、やりたいことは自分が知っている中から選ぶので、視野を広げて選択肢を増やしてやりたいことを考えるということは重要です。③の自身が価値を感じることというのは比較的安定しているものといえますので、これまでを振り返ったときに何を軸にして人生を歩んできたのか、と考えてみることには意義があります。

キャリアデザインとは将来に向かって計画的に人生を歩むことを意味するだけではなく、自分のキャリアを振り返りながら今の自分を受け入れ、将来への展望を持って一歩前に進むことでもあるのです。それによって自分が大切にする軸をつかむことができるでしょう。

5　キャリア自律で重要な他者

これまで組織に任せてきたキャリアデザインを自律的に考えよう、と突き放されても、実際に自力でキャリアを決められる人は多くはありません。特に日本では、日本的な雇用システムの下で組織にキャリア開発を任せていた社会の状況があり、学校教育においても、十分なキャリア教育が行われてきたとは言い難く、キャリアに関する社会の仕組みは十分だったとは言えません。

自律的なキャリアというのは、狭くとらえると、自分で進むべき方向を決めて自力で歩いていく、ということになりますが、自律をもっと広くとらえてみましょう。日本の組織ではキャリアが組織主導で創られてきたと言ってきましたが、組織に言われたとおりにしていると自律ではなくなる、ということではありません。組織から言われたことに有無を言わず従わざるを得なかったというのが、組織主導のキャリアの意味することです。組織から言われたことに自分で納得して歩き出す、というのも自律の一つの姿です。

組織を周囲にいる他者に置き換えてもよいかもしれません。キャリアの方向性に迷いが出たり、進む道が見えなくなって迷路に入ってしまったような時に、一人でもがいても沈んでいくだけです。周囲の視点を借りてもう一度自分のことを見つめ直したり、アドバイスを受けてその方向に進んでみたり、ということが有効な場合が多いものです。自分一人が見えている視野には限界があります。第三者の視線を借りることで、視点が変わり視野を拡げることができるでしょう。

その際、普段から仲良くしている友人や仲間と少し違うタイプの人の意見に耳を傾けてはどうでしょうか。SNSの世界で「エコーチェンバー(echo chamber)現象」と呼ばれるものがあります。エコーチェンバーは「反響室」という意味で、ソーシャルネットワークで同じような興味関心を持つ人たちとつながっていると、自分と似たような価値観の人の情報や意見ばかりに触れることになり、自分の意見が正しいと信じてしまう傾向に陥りやすくなることです。自分と同じような意見の人たちに囲まれた環境は居心地が良くて快適ですが、もし今が「快適」と感じたら、エコーチェンバー現象に陥っていないかを疑ってみましょう。居心地の良いところを出て異なる意見や価値観に触れることは、視野や経験を広げるためにも重要なのです。

キャリアの専門家による支援として、キャリアコンサルティングという政策があることも紹介しましょう。これは、2001年に職業能力開発促進法の改正により制度化されました。「キャリアコンサルティング」とは、「労働者の職業の選択、職業生活設計又は職業能力の開発及び向上に関する相談に応じ、助言及び指導を行うこと」(同法第2条5項)と規定されています。

キャリアコンサルティングにより、自分の適性や能力、関心などの自己理解、社会や企業内の仕事についての理解を通じて、仕事を主体的に選択できるようになることが期待されているのです。まさに、個人が自身のキャリアプランを明確にして、そのために必要な知識・資格の習得や仕事の選択を行うことが希望するキャリア開発につながるという、自律的なキャリアというものが基底にあり、そのためにキャリアの専門家のコンサルティングを活用することが有効であると考えられているのです。

キャリアコンサルティングを行う専門家は、「キャリアコンサルタント」と呼ばれ、2016年4月から、国家資格となりました。キャリアコンサルタントは、企業内はもとより、ハローワークや人材紹介会社などの人材の需給調整機関、大学などの教育機関といったところでキャリア支援を行っています。現在は、法律により、従業員がキャリアコンサルティングを受ける機会を確保できるようにすることが事業主に求められているのです。

このような専門家が個人のキャリアデザインの伴走者として存在していることは心強いことです。特に、キャリアコンサルティングでは、個人の支援だけでなく、個人を囲む家族や組織などの環境への働きかけも重要です。たとえば、メンタルヘルス不全、仕事と育児の両立への悩みなど、個人に対する支援だけでは解決できないキャリア開発上の問題は多く、環境側の課題を見つけてそこに介入しなければ、真のキャリア支援にはつながらないと考えられています。キャリアコンサルティングという仕組みがあることを知っておくのも大切なことです。

終章　過去は変えられる、正解は自分の中に

1　過去は変えられる

企業などのキャリアの研修に出ると、「過去は変えられないが、未来は変えられる」という言葉を聞くことがあります。起きてしまったことにくよくよしていても仕方ないので、前を向いて進んでいこう、という趣旨なのですが、本当にそうでしょうか。

確かに過去に起きてしまった出来事は取り消すことができないという意味では、過去を変えることはできません。けれども、過去に起きたことを自身の中でどう消化して意味づけをするか、それを今後にどう生かすか、という視点で過去の出来事を見つめ直すと、その受け止め方が違ってきます。誰にも、「あんなことやらなければよかった」「時間を戻したい」と思うような出来事はあるでしょう。けれどもそのような過去の出来事でも、実はその後のキャリアにとって重要な意味があったというように考えられる部分があるのではないでしょうか。

たとえば、受験がうまくいかずに第一志望の学校に進学できなかった、という人は少なくないはずです。合格を夢見ていたのに「不合格」の通知を見た時はショックも大きく、もっと勉強すれば、試験当日の体調を整えておけば、と後悔することも多いでしょう。しかし、時間をおいてその出来事を振り返ってみると、準備することの大切さを学んだ、おかげでこんな出会いがあっ

た、というように、そこから学んだことやその後の出会いが「今」につながっていることに気がつきます。

「過去」に起きた出来事や経験を変えることは確かにできません。しかし、ネガティブな経験でも自分のキャリアにどう意味づけるか、という視点でとらえることで、過去に起きた出来事の意味をとらえ直すことができるものです。同じものを見ていても、人によって見え方や解釈が異なるように、同じような出来事でも人によってとらえ方は異なります。

これまでの経験を自分でどのように消化し今後につなげていくのか、そこにキャリアデザインの出発点があると同時に、自身のキャリアを評価する拠り所が生まれるのではないでしょうか。

2　正解は自分の中に

キャリアのゴールはどこにあるのでしょうか。本書では、キャリアのゴールが決められないならあえて決めなくてもよいということを述べてきました。けれども、キャリア＝自分の人生の軌跡、を振り返って自分なりに納得できるということは重要です。キャリアデザインは何のためにあるのか、といえば、自分のキャリア＝人生が成功に近づくようにするためだと言えるでしょう。

それでは、キャリアの成功とは何でしょうか。キャリアの途中の段階で、「○○さんは成功してるけど、自分は失敗ばかり、運がない」と感じる瞬間は何度も訪れます。けれども、何がキャリアの成功かというのは、人によって異なります。自分のキャリアは、誰かと比較するものでもないですし、他人から評価してもらうものでもないと割り切ってみることも大切です。他人の物差しで自分のキャリアの成功を測っても無意味です。キャリアが成功したかどうかの正解は、自分の中にしかありません。

このことと関連して、「内的キャリア」という言葉があります。「内的キャリア」の反対は「外的キャリア」です。「外的キャリア」は、外からみて分かるキャリアのことです。学歴、所属する企業規模や企業名、職業、職位・ポスト、所属部門、社会活動の内容などがあげられるでしょう。「世間体が良い」というように、見栄えがするかどうかという点から評価されがちです。職務経歴書などに書く内容は、外的キャリアが中心になります。それに対して「内的キャリア」は、個人の内面からキャリアをとらえようとするものです。個人にとって意義が感じられるか、働きがいややりがいにつながっているか、というような主観的な観点からキャリアをとらえます。キャリアの成功は、内的キャリアの視点が重要で、自分で納得できるキャリアだったか、ということに尽きると思います。ここでは自身の「パーパス」は何だったのか、が問われることになるでしょう。

キャリアは選択の連鎖としての軌跡であると本書の最初(6頁)に述べました。特に重要な人生の節目では「どれを選ぶか」が重要になります。後で振り返ったときに、捨ててしまった選択肢の中にもっと良いキャリアがあったという場合もあるかもしれません。そんな時には、自分の選択が間違っていた、正解は別にあったのに、と考えてしまうかもしれません。しかし重要なことは、その「選択」を主体的・自律的に行っていたか、という点ではないでしょうか。主体的・自律的な選択であれば、たとえそれが思い通りの結果にならなかったとしても、その結果をどこかで受け入れることができるはずです。

将来が見通しにくいVUCAの時代に「選択」はますます難しくなっていくでしょう。キャリアの研究者のジェラット(Gelatt)氏は、意思決定にあたっては、「左脳的」意思決定だけでなく、「右脳的」意思決定も重要だと指摘します。(25)「左脳的」というのは、選択肢がもたらす結果を予測し、それが自分にとってどの程度望ましいかを評価し、自身の基準に合うものを選択するというように合理的な意思決定が行われることを想定します。一方で、変化の激しい時代の中で合理的な意思決定への疑問を持ち、「右脳的」意思決定の重要性も主張するようになりました。「右脳的」というのは、情報は限られており、未来を予測するのは難しい社会状況の中で、個人の直感や主観により判断することの合理性を認めるものです。ジェラット氏は、将来が不確実な状況を「積極的不確実性(Positive Uncertainty)」として前向きに受け止め、それが将来のキャリアを創る原動力になるとしました。「選択」の戦略には、合理的・客観的な側面と、非合理的・主観的な側面の両面があることを知って、自分らしい選択ができることが大切です。

キャリアの分かれ道で自分が選んだ選択の結果は、それがどのようなものであれ自分のキャリア＝「轍《わだち》」としてつながってきたものです。その時に最善の選択だと思った自分が、今の立ち位置を作っていると肯定して前に進んでいくことができれば、自分にとっての「キャリアデザインの正解」に辿り着くのではないでしょうか。

注

（1） Schein, E. H. (1978) *Career Dynamics: Matching Individual and Organizational Needs*, Mass.: Addison-Wesley.（二村敏子、三善勝代訳『キャリア・ダイナミクス――キャリアとは、生涯を通しての人間の生き方・表現である。』（白桃書房、１９９１））

（2） Super, D. E. (1980) "A Life-span, Life-Space Approach to Career Development", ***Journal of Vocational Behavior***, 16(3), pp. 282-298.

（3） 渡辺三枝子、Ｅ・Ｌ・ハー『キャリアカウンセリング入門――人と仕事の橋渡し』（ナカニシヤ出版、２００１）

（4） Goldin, C. (2021) *Career and Family: Women's Century-Long Journey toward Equity*, Princeton Univ Pr.（鹿田昌美訳『なぜ男女の賃金に格差があるのか――女性の生き方の経済学』（慶應義塾大学出版会、２０２３））

（5） 「静かな革命」というのは、女性の団体などが１９６０～７０年代に繰り広げた女性解放運動やデモ行進などの「騒々しい運動」とは異なり、その当時はその歴史的な意義に気づかなかったが、後世になって変革に果たした役割に気が付くという意味合いで指摘されている。

（6） 企業の競争力や企業価値の向上にとって人的資本への投資は不可欠であると考えられ、人的資本にどのように戦略的に投資をしているのかという情報を投資家等に開示し、取組を可視化することが企業に求められてきている。

（7） Abegglen, J. C. (1958) *The Japanese Factory: Aspects of Its Social Organization*, New York: Free Press.（山岡洋一訳『新・日本の経営』（日本経済新聞出版社、２００４））

（8） １９７２年の『ＯＥＣＤ対日労働報告書』において、日本の雇用システムの特徴が取り上げられ、アベグレン氏が取り上げた三つの特徴を「三種の神器《じんぎ》」として紹介した。「三種の神器」とは、元々は皇位とともに歴代の天皇に伝わる三種類の宝物のことで、三つの特徴をこれにたとえたものである。

（9）ただし期間を限定しないと雇う側の支払いが過大になってしまうので、定年（例えばT）を設定することになる。

（10）Lazear, E. P. (1998) *Personnel Economics for Managers*, New York: John Wiley & Sons, Inc.（樋口美雄、清家篤訳『人事と組織の経済学』（日本経済新聞出版社、１９９８））

（11）「Society 5.0」は、内閣府「第5期科学技術基本計画」（２０１６〜２０２０年度）において、我が国が目指すべき未来社会の姿として打ち出された。

（12）内閣府「防災情報のページ」より。https://www.bousai.go.jp/kaigirep/hakusho/h18/bousai2006/html/honmon/hm01010101.htm

（13）高年齢者雇用安定法による規定。「雇用確保」とは、個人が勤務してきた事業主の下で継続して働くことができるようにすることで、「就業機会の確保」とは、それ以外に事業主と業務委託で働くようなケースも含む。

（14）Gratton, Lynda & Andrew J. Scott (2016) *The 100-Year Life*, London: Bloomsbury Information Ltd.（池村千秋訳『LIFE SHIFT――１００年時代の人生戦略』（東洋経済新報社、２０１６））

（15）草野隆彦『雇用システムの生成と変貌――政策との関連で』（労働政策研究・研修機構、２０２１）

（16）「メンバーシップ型雇用」「ジョブ型雇用」が最初に登場するのが以下の文献で、この区分はその後広く使用されるようになっている。濱口桂一郎『新しい労働社会――雇用システムの再構築へ』（岩波新書、２００９）。

（17）この調査は、日本、アメリカ、イギリス、ドイツ、フランスの25〜54歳の大卒以上のホワイトカラー正社員（従業員規模１００人以上の民間企業に勤務）を対象として各国１０００名（男性非管理職４０

０名、女性非管理職４００名、管理職男女合わせて２００名を割り当て）を確保するように登録モニターを対象にして、２０２３年11月にＷＥＢ調査で実施した。

(18) ただし、こうした意識調査の国際比較をするときに、日本人は中間的な回答をしがちであるという「クセ」があると言われており、データの解釈には注意が必要となる。

(19) 日本経済団体連合会「Society 5.0――ともに創造する未来」（２０１８）

(20) 日本経済団体連合会「Society 5.0時代を切り拓く人材の育成――企業と働き手の成長に向けて」（２０２０）

(21) 「リカレント教育」は、ＯＥＣＤが以下の報告書で１９７３年に提示した。OECD CERI (1973) *Recurrent Education: A Strategy for Lifelong Learning.*

(22) 若林満『創造的組織人』（ストアーズ社、１９９５）

(23) 金井壽宏『働くひとのためのキャリア・デザイン』（ＰＨＰ新書、２００２）

(24) Schein, E. H. (1990) *Career Anchors: Discovering Your Real Values*, San Diego, CA: Pfeiffer.（金井壽宏訳『キャリア・アンカー――自分のほんとうの価値を発見しよう』（白桃書房、２００３））。本書で、シャイン氏は、キャリア・アンカーは八つのカテゴリーがあるとして、自己分析により自身のアンカーを洞察することが重要であるとし、その支援ツールとして本書が書かれているが、ここではキャリア・アンカーの概念を説明することにとどめている。

(25) ジェラット氏は、１９６０年代に意思決定のプロセスの理論を提唱し、後に社会の変化を受け、１９８０年代に以下の文献で「積極的不確実性」を提唱した。Gelatt, H. B. (1989) "Positive uncertainty: A new decision-making framework for counseling", *Journal of Counseling Psychology*, 36(2), pp. 252–256.

武石恵美子

お茶の水女子大学大学院人間文化研究科人間発達科学博士後期過程修了，博士(社会科学)．1982年労働省，1992年(株)ニッセイ基礎研究所，2003年東京大学社会科学研究所助教授等を経て，2007年法政大学キャリアデザイン学部教授．専門は人的資源管理論，女性労働論，昨今の研究分野はダイバーシティ経営やキャリア開発など．著書に『雇用システムと女性のキャリア』(勁草書房)，『女性の働きかた』(ミネルヴァ書房)，『ダイバーシティ経営と人材活用』(東京大学出版会)，『女性のキャリア支援(シリーズ ダイバーシティ経営)』(共著)(中央経済社)，『多様な人材のマネジメント(シリーズ ダイバーシティ経営)』(共著)(中央経済社)，『女性自衛官――キャリア，自分らしさと任務遂行』(共著)(光文社)，『キャリア開発論[第2版]』(中央経済社)ほか多数．

「キャリアデザイン」って、どういうこと？
―過去は変えられる、正解は自分の中に　　岩波ブックレット 1100

2024年11月6日　第1刷発行

著　者　武石恵美子《たけいしえみこ》

発行者　坂本政謙

発行所　株式会社 岩波書店
〒101-8002 東京都千代田区一ツ橋 2-5-5
電話案内 03-5210-4000　営業部 03-5210-4111
https://www.iwanami.co.jp/booklet/

印刷・製本　法令印刷　　装丁　副田高行　　表紙イラスト　藤原ヒロコ

ISBN 978-4-00-271100-3　　Printed in Japan

読者の皆さまへ

岩波ブックレットは，タイトル文字や本の背の色で，ジャンルをわけています．

赤系＝子ども，教育など
青系＝医療，福祉，法律など
緑系＝戦争と平和，環境など
紫系＝生き方，エッセイなど
茶系＝政治，経済，歴史など

これからも岩波ブックレットは，時代のトピックを迅速に取り上げ，くわしく，わかりやすく，発信していきます．

◆岩波ブックレットのホームページ◆

岩波書店のホームページでは，岩波書店の在庫書目すべてが「書名」「著者名」などから検索できます．また，岩波ブックレットのホームページには，岩波ブックレットの既刊書目全点一覧のほか，編集部からの「お知らせ」や，旬の書目を紹介する「今の一冊」，「今月の新刊」「来月の新刊予定」など，盛りだくさんの情報を掲載しております．ぜひご覧ください．

▶岩波書店ホームページ　https://www.iwanami.co.jp/◀
▶岩波ブックレットホームページ　https://www.iwanami.co.jp/booklet◀

◆岩波ブックレットのご注文について◆

岩波書店の刊行物は注文制です．お求めの岩波ブックレットが小売書店の店頭にない場合は，書店窓口にてご注文ください．なお岩波書店に直接ご注文くださる場合は，岩波書店ホームページの「オンラインショップ」(小売書店でのお受け取りとご自宅宛発送がお選びいただけます)，または岩波書店〈ブックオーダー係〉をご利用ください．「オンラインショップ」，〈ブックオーダー係〉のいずれも，弊社から発送する場合の送料は，1回のご注文につき一律650円をいただきます．さらに「代金引換」を希望される場合は，手数料200円が加わります．

▶岩波書店〈ブックオーダー〉　☎04(2951)5032　FAX 04(2951)5034◀